スクールソーシャルワークにおけるスーパービジョン実践モデルの生成

参加型評価を活用した
エンパワメントに着目して

大友 秀治 ｜ 著

学文社

・ まえがき ・

スクールソーシャルワークの機能と困難性

　近年，ソーシャルワーク（以下，SW）は学校や司法，多文化領域などの新たな領域でのニーズが高まっている。そのようななか，2008年度から，スクールソーシャルワーカー活用事業（以下，活用事業）が全国的に開始された。スクールソーシャルワーカー（以下，SSWer）は，Germain（1982＝1992）が指摘したように，子どもや家族，コミュニティが社会的力量を高めるための援助をすると同時に，三者のニーズに対する学校の応答性を高める援助も行う，「二重の機能」を実践する。この「二重の機能」を，福祉領域とは異なる学校をフィールドに実践することが，スクールソーシャルワーク（以下，SSW）の大きなの特徴と言える。

　しかし，学校をフィールドとするが故の困難性にもSSWerは直面し続けてきた。専門職とは思えない待遇のなか，多くのSSWerが「一人職場」で奔走し（山下 2016），学校から早急な問題解消を依頼されている（久能 2013）。孤立を防ぐ役目を果たすべきSSWer自身が孤立し，SWプロセスの展開が困難である不安を抱え続けている。

　これらは，SSWには「二重の機能」があり，なおかつ，それを他領域である学校で実践しなければならない困難性が表出している状況であり，活用事業自体が抱えているジレンマと課題でもある。まさに，SSWerは，その「制度の狭間」で，奮闘と挫折を繰り返しているのではないか，と捉えた。

　このような困難性を有するSSW実践を機能させていくためには，教育と福祉をバックグラウンドに持つ者同士が，それぞれの強みを発揮して協働し合う体制に，活用事業そのものを変革していくことが重要ではないかと考えた。そこで，学校領域の特徴に合わせてSSWerを育成し，なおかつ活用事業も包括

的に把握しているスーパーバイザー（以下，SVr）が，教育と福祉の仲立ちをする最も身近な存在であり，その変革のための役割を担えるキーパーソンではないかと考えた。

本書の目的と構成

上記の問題意識に基づき，本研究は，SSWerをエンパワメントし事業体制を変革するスーパービジョン（以下，SV）を明らかにし，現場に活用できるSV実践モデルを生成しようと試みたものである。

序章では，主にSSW実践が展開されにくい困難性と，本研究への焦点化を行っている。スーパーバイザー（以下，SVr）が上述のような課題解決に向けた役割を担えるキーパーソンと位置付け，本研究をSVに焦点化した経緯を述べている。

第1章では，日本のSSWとSVの現状と課題を示し，国内外のSVの先行研究を検討している。SV研究には，国外研究から代表的なものとして，社会的役割理論に基づくもの，システム理論に基づくもの，クリニカルソーシャルワークに基づくもの，関係性理論に基づくものに整理し，さらに日本における研究展開を追加し，到達点と課題を示している。そのうえで，本研究テーマである「事業体制を変革するためのSV」という視点における吟味を加え，その意味においては，一般的な社会的役割理論に基づくSVとは異なる，エンパワメント理論に依拠することで，SVがミクロの個人成長のみならず，メゾの組織やシステム変革，さらにはマクロの社会構造の変革までも志向するという可能性を論述している。

そこで，エンパワメント理論に依拠したSVという点において，参加型評価を活用してエンパワメントを進め，事業体制を改善しようとしているSVrに焦点化してインタビュー調査を行っている。参加型評価を活用したその手法に含まれる視点やプロセスを質的研究によって明らかにすることで実践モデルを生成しようとするものである。

第2章では，調査デザインを説明している。まず，「スクールソーシャル事

業プログラム」に対する参加型評価をSVに活用し，事業体制の改善を試みているSVrに調査対象者を選定した理由を説明した。調査プロセスは，調査協力を得られたSVr3名に対して参与観察調査を行い，SVrの役割を中心にデータを収集した。次に，インタビュー調査を8名のSVrに対して実施し，参加型評価をSVに活用し事業体制の改善に働きかけるための視点やプロセスを聴き取った。以上から得られたデータを，修正版グラウンデッド・セオリー・アプローチ（以下，M-GTA）によって分析した。

　第3章では，分析結果と考察を述べている。M-GTAによる分析テーマは，「参加型評価を活用したSVプロセスでは，どのようなエンパワメントが実践され，それがいかに協働を形成し，組織変革につながっているのか」とした。その分析により示された現象特性は，「SVrが孤立するSSWerへのエンパワメントを始め，協働し合う事業体制を構築しようとする動き」である。

　生成されたコア・カテゴリーによる全体のストーリーラインは，以下のように大きく3期で成り立つ。SSWにおけるSVrは，SSWerが孤立し無力化にある要因が，事業方針を巡って教育委員会と葛藤・対立するなどのSSW特有の困難特性にあることを【パワーレス要因への着目】から見出し，教育委員会担当者とSSWerが課題を共有できるようSVを行う（Ⅰ期）。そして，研修の開発を通して教育委員会担当者とSSWer双方に対し【対話を通した協働の産出】をするエンパワメントを重ね（Ⅱ期），さらに【SSW体制の構造的変革】に向けたSVを行った結果（Ⅲ期），対等な関係性で協働し合う事業体制に変革される。これらの全プロセス対して，自治体全体を俯瞰し，エンパワメントの視点を持ち続ける【変革推進を支える価値】が，SVrを支える基盤となる（全期）。以上のSVプロセスの分析と考察による結果，事業体制を変革するSV実践モデルを生成することができた。

　第4章では，結論として本研究による新たな知見を示している。第1に，先行研究では，一般的な社会的役割理論に基づく組織目的に沿った確認体制というSVが，規範的に示されているのみであった。これに対して，生成したSV実践モデルでは，困難性を抱えるSSWerをエンパワメントするとともに，組

織体制を管理運営する側にも同時にアプローチするという，その両者の接点に向けて初期段階からエンパワメントに基づくSVを実施していくことの重要性を，実証的に示したことである。

第2に，先行研究の規範的定義による支持的なSVでは，機関への帰属意識を向上させることを重視し，機関変革の仲介者としてのSVrの役割も理念的に課題として示されるに留まっていた。これに対し，本研究のSSWerをエンパワメントし事業体制を変革するSVプロセスでは，個人的・対人的・社会的エンパワメントの各レベルが相互浸透しながら展開していくプロセスとの関連性を明らかにした。【パワーレス要因への着目】を中心に実践力の源泉を支えるエンパワメント，【対話を通した協働の産出】を中心に関係性を修正するエンパワメント，【SSW体制の構造的変革】を中心に協働体制を構築するエンパワメントにより，専門家としての自律性と責任が発揮できる，教育と福祉の協働体制をつくり出すための視点と方法を，詳細なプロセスとして提示している。システム開発を志向するSVとして，対話に基づく関係性を重視するSV理論と比較し，本研究では，SVrとスーパーバイジーとの二者関係も踏まえた上で，対話の目的が二者関係を超えて教育と福祉の協働体制をつくり出すという，組織やシステムの開発に向かうSVが特徴的に示されたものである。

第3に，SSW領域においても，先行研究では事業体制の変革のためのSVプロセスやモデルは明らかになっていない。これに対して，本研究は，SSW領域への実践的示唆として，SV実践モデルの活用を促すSVツールを提示し，事業体制を変革するSV実践モデルを生成したことは，事業体制そのものを再構築するためのSV体制の整備に多くの示唆を与えるものと考える。

第4に，SW研究に対する示唆として，社会的役割理論に基づく規範的なSVとは視座が異なるエンパワメント理論と価値に基づいたSV実践モデルを生成したことにより，従来のSV理論では積極的に位置付けられていなかったエンパワメントの概念や原則，価値を付加することで，SV理論により広がりと包括性をもたらす寄与ができたものと考える。

今後の研究課題には，SV実践モデルのさらなる一般化と実践的活用に向け

た課題，エンパワメント評価との関連性を解明する課題，SVの構造化に関する課題を挙げている。

　本書がSSW事業および実践進展の一助となれば幸いである。

　2019年10月吉日

大友　秀治

目　次

まえがき …………………………………………………………………………… i

　スクールソーシャルワークの機能と困難性　　i

　本書の目的と構成　　ii

序章　SSW領域における困難特性 ……………………………………… 1

　第1節　SSWへの期待と領域特有の困難性 ………………………… 1

　第2節　筆者の問題意識 ……………………………………………… 2

第1章　先行研究の課題と本研究の目的 ……………………………… 5

　第1節　SSWとSVの現状と課題 …………………………………… 6

　　1．SSWの現状と課題　　6

　　2．SSWにおけるSVの現状と課題　　10

　第2節　SV研究の到達点と課題 …………………………………… 14

　　1．SV研究の課題　　14

　　2．SSWにおけるSV研究の課題　　26

　　3．SVに活用できるエンパワメント研究　　29

　第3節　SVに活用できる参加型評価 ……………………………… 34

　　1．評価とは　　34

　　2．エンパワメントを目指す参加型評価　　36

　第4節　本研究の目的と構成 ………………………………………… 38

　　1．本研究の目的と意義　　38

　　2．本書の構成　　39

第2章　調査デザイン ………………………………………………… 43

第1節　調査方法 ……………………………………………………… 43

　　1.　調査対象者の選定　　43

　　2.　分析方法の採用理由　　47

　　3.　インターラクティブ性と筆者の位置　　50

第2節　調査プロセス ………………………………………………… 51

　　1.　調査協力者の属性とデータ収集の方法　　51

　　2.　倫理的配慮　　52

　　3.　調査と分析のプロセス　　53

第3章　分析結果と考察 ………………………………………………… 59

第1節　全体のストーリーライン ……………………………………… 59

第2節　Ⅰ期：パワーレス要因への着目をするSV …………………… 63

　　1.　【パワーレス要因への着目】　　63

　　2.　〈試行錯誤からの視点拡大〉　　75

　　3.　【変革推進を支える価値】　　79

第3節　Ⅱ期：対話を通した協働の産出をするSV …………………… 82

　　1.　〈接点が見つからないジレンマ〉　　82

　　2.　【対話を通した協働の産出】　　87

　　3.　〈評価研究への参画を継続する〉　　106

第4節　Ⅲ期：SSW体制の構造的変革をするSV …………………… 111

　　1.　〈マクロ的に事業を見る〉　　111

　　2.　【SSW体制の構造的変革】　　115

　　3.　〈変革のネットワーキング〉　　124

第4章　結　　論 ……………………………………………… 127

第1節　本研究の結果と意義 ………………………………… 128

1. 生成したSV実践モデルの結果と意義　128

2. エンパワメントプロセスとの関連性と意義　　133

3. SSW領域への示唆と意義　143

4. SW研究への示唆と意義　150

第2節　本研究の限界と今後の課題 ………………………… 156

1. SV実践モデルの一般化と実践的活用に向けて　　156

2. エンパワメント評価への発展に向けて　157

3. SVの構造化に向けて　159

引用・参考文献 ………………………………………………… 161

巻末資料 ………………………………………………………… 175

あとがき ………………………………………………………… 187

索　　引 ………………………………………………………… 189

序章
SSW領域における困難特性

第1節　SSWへの期待と領域特有の困難性

　スクールソーシャルワーカー活用事業[1]（以下，活用事業）が全国的に展開されて10年を超え，学校だけでは対応が難しかった子どもの生活課題に対するSWの有効性をはじめ，様々な成果が報告されている。その一方で，SSWerが教育委員会や学校から未だに「外部者」として扱われ，教育的価値観との軋轢が生じ，一人職場という特性も相まって孤軍奮闘する状況に置かれる厳しい状況も存在している。このような活用事業の現状と，それに対する筆者の問題意識について以下に述べる。

　近年，SWは，学校のほか，司法や保育，多文化，労働領域などの新たな領域でのニーズが高まり，導入が進められている。その背景には，「見えにくい貧困」に代表されるように，人々の生活課題がますます複雑化・複合化し，深刻な問題が潜在化する状況が存在している。そのなかでも，学校現場では，不登校やいじめ，校内暴力，虐待など，学校が対応に苦慮する課題の増加が指摘されている。その一つひとつの現象の背景には，複合化している生活課題が，子どもと家庭に重くのしかかっている場合が少なくないと考える。しかし，このような現状に向き合おうとする教員も，その生活課題の複雑さに困惑し，業務の多忙化なども追い打ちをかけ，心身ともに疲弊している実態も指摘されている。さらに，不登校を経験した当事者などから，学校に通う意味そのものが問題提起され，学校教育制度の有する目的や機能，そして学校そのもののあり方が問われているとも言える。このように，子どもや保護者，教員，そして，家庭，学校，地域それぞれが，複雑な課題に直面しているなか，学校現場を基

盤に，生活課題に対してエコロジカルな視点で介入し，関係性や居場所を再構築していくSSWに対する期待は，年々大きくなっている。

しかし，福祉領域とは異なる学校をフィールドとするが故の困難性にも，SSWerは直面し続けてきた。専門職とは思えない待遇や人材不足という課題を抱え，多くのSSWerが「一人職場」で奔走し，「横のつながり」を欠いている状況が未だに存在している（門田ほか 2014；山下 2016）。SVを受ける機会を設定していない自治体が半数を超え（土井 2016），孤立を防ぐ役目を果たすべきSSWer自身が孤立し，学校から早急な問題解消を依頼され（久能 2013），目に見える結果を示さなければならないことへの不安と焦りを抱えていることが指摘され続けている。

第2節　筆者の問題意識

これらの困難性は，筆者自身も経験している。実践者として現場に貢献し，また研究フィールドについてよりリアリティを持って理解したいと考え，筆者も活用事業におけるSSWerとして，小・中・高等学校での実践に携わってきた。実践展開が比較的順調なときは，教員の抱える困り感に寄り添い，子どもを取り巻く環境に対して関係者と協働でアセスメントすることにより，生活課題の輪郭が徐々に浮彫になってくる経験をした。それに従い，教員の視点や対応もより柔軟で力強く変化し，子どもの表情や語り，行動，生活環境が，少しずつではあるが確実に変化する事例をいくつか経験できた。子どもと家庭のみならず，学校に対してもアプローチすることは，教育現場へのSSW導入における重要な意義であることを，教員を含む学校関係者から直接伺うこともできた。

しかし，これらの実践は，非常に脆弱な基盤の上で行われているのも現実であった。学校からは未だに外部者としての扱いを受け，学校に対して「上から目線で」指導する者，学校内部の問題を暴く者などとして捉えられ，SSWerとはどのような実践を展開する者であるかを把握していない教員がほとんどで

あった。筆者が教育委員会からの指示で，ある学校に訪問した際に，教育相談室へ丁重に通されたものの，何も依頼がなく半日が過ぎるということもあった。周囲でも多くのSSWerが，教育委員会や学校との関係性に困難さを抱え，子どもや保護者との直接的な面接を拒否されるということは珍しくなかった。SSWerのなかには，子どもと家族へのアセスメントが不十分なまま学校から早急な対応を求められ，そこに限界があることを学校に伝えた結果，相談依頼自体が来なくなった，と語る者も稀ではなかった。また，活用事業の管理運営側に対する不信として，教育委員会がそもそもSSWを理解してくれない，教育委員会担当者は多くの職務を抱え，そのなかの処理すべき一項目としかSSWを捉えていない，などがSSWer同士で語られることも少なくなかった。

このような傾向が全国的にも指摘されていることを認識するにつれ，SSWerが学校教育現場に「投げ出された存在」として位置付けられているのではないかと考えるようになった。そして，このような危うい基盤の上に展開されている現状のままでは，SSWの実践そのものが立ち行かなくなり，持続可能な制度とならないのではないか，という問題意識を持つようになった。これは，SSWには子ども家庭へのアプローチだけではなく，学校へのアプローチも同時に行い，なおかつ，それを福祉領域とは異なる学校をフィールドとして実践しなければならないことによる困難性が表出している状況であり，活用事業自体が抱えているジレンマと課題でもある。まさに，SSWerは，その「制度の狭間」で，奮闘と挫折を繰り返しているのではないか，と捉えた。

このような困難性を有するSSW実践を機能させていくためには，教育と福祉をバックグラウンドに持つ者同士が，それぞれの強みを発揮して協働し合う体制に，活用事業そのものを変革していくことが重要であると考える。そこで，学校領域の特徴に合わせてSSWerを育成し，なおかつ事業体制も包括的に把握しているSVrが，教育と福祉の仲立ちをする最も身近な存在であり，その変革のための役割を担えるキーパーソンではないか，と考えた。[2]

以上の問題意識と着目点に基づき，本研究は，SSWerをエンパワメントし事業体制を変革するSVを明らかにしようとするものである。そこから，現場

4

に活用できるSV実践モデル[3)]を生成することを目指す。

注

1) スクールソーシャルワーカー活用事業とは，文部科学省が「いじめ，不登校，暴力行為，児童虐待など生徒指導上の課題に対応するため，教育分野に関する知識に加えて，社会福祉等の専門的な知識・技術を用いて，児童生徒の置かれた様々な環境に働き掛けて支援を行う，スクールソーシャルワーカーを配置し，教育相談体制を整備する」事業で，2008年から全国的に開始された（文部科学省2013）。

2) 本研究における事業体制とは，以下の構成要素で説明される。まず，事業とは，活用事業におけるSSWerの配置やSSW体制を整備する事業である（文部科学省2013）。事業の管理運営という場合は，事業の設計，SSWerの配置，研修体制の整備，連絡体制の整備，勤務環境の整備，事業の評価，事業の拡充などを含む（山野ほか2015：168-179）。そして，体制とは，社会を一個の有機体に見立てた上での，社会組織の構造や様式の意（新村2008：1686）である。そのため，事業体制とは，活用事業を機能させる仕組みやシステム，制度，構造，組織などを指すこととする。

3) 理論は，包括理論，中範囲理論，実践理論として，相対的に区別することができる（小山2016：60）。そのうち実践理論とは，個々の実践の営みの観察や調査から直接導き出される具体的な知見で，実践から帰納的に導かれたものであり，適応範囲がある程度限定される場合が多い（小山2016：60）。実践理論を生成する意義は，個人の体験の中に留まっている実践知の多くは共有されることが難しい状態にあるため，それらが言語化され共有されたときに個別性・具体性の高い理論が生成され，実践者が試し結果を形にしていくことで，その後の大きな理論を生み出す契機ともなることである（小山2016：62）また，第2章で言及するように，本研究で採用する修正版グラウンデッド・セオリー・アプローチによって生成するグラウンデッド・セオリーは，人間行動の説明と予測に関わり，研究者によってその意義が明確に認識されている研究テーマによって限定された範囲内における説明力に優れた理論である（木下2007：69）。本研究では，以上のようなSV実践の現場にとって有用な実践理論の生成を目指す。なお，本研究で使用する実践モデルやモデルという用語は，この実践理論を指すものとする。

第1章
先行研究の課題と本研究の目的

　2008年度から全国的に導入され始めた活用事業は，福祉領域とは異なる学校をフィールドに，子ども家庭や地域と学校とに同時にアプローチする難しさを有し，なおかつ，その事業体制自体が未成熟な状況に置かれている。そこで，本研究は，困難性を抱えるSSW実践が機能するために，SSWerをエンパワメントし事業体制を変革するSVを明らかにしようとするものである。本章は，SV研究の到達的と課題を探索するなかで，SSWにおけるSV実践モデル生成の必要性を明確化し，本研究の目的を述べる。

　はじめに，SSW実践の状況に関して，SSWによる成果と課題を概観してから，事業体制の変革のためにSVに着目することがなぜ有効であるかを説明した上で，SSWにおけるSV実態と課題について述べる（第1節）。次に，理論的研究に関して，SVの先行研究をレビューし，理論的および実証的SV研究の到達点と課題を明確化する。そこから，SSWにおけるSVではエンパワメント理論に依拠することが必要であることを述べる（第2節）。そして，実践的方法論に関して，エンパワメントを目指す参加型評価が，現時点でエンパワメントアプローチに最も親和性が高いと考える理由を述べる（第3節）。最後に，これらの先行研究における課題を解決するための本研究の目的と意義を示す（第4節）。

第1節　SSWとSVの現状と課題

1. SSWの現状と課題

(1) SSWによる実践成果

　2008年度から開始された文部科学省による活用事業では，これまで以下のような成果が主に文部科学省のデータによって示されている。

　第1に，SSWerの実人数の増加である。文部科学省の全額補助予算で開始された2008年度は944人だったSSWerの実人数は，2009年度の補助予算削減の影響で552人と減少したが，その後は増加に転じ，2016年度では1,779人となっている（文部科学省 2017a）。自治体が単独で予算を計上し，SSWerを独自に配置している自治体が約2割あることから，さらに実人数は加算される（土井2016：6）。自治体の予算が決して潤沢な状況ではないなか，確実にSSWerが増加し，全国各地で配置が進んでいることは，一定の成果の表れと言える。

　第2に，SSWerによる実践の成果が蓄積され，教職員のSSWに対する認知も進んでいることである。文部科学省は，毎年，全国の自治体におけるSSWの成果と課題を公表しているが，特に複雑な家庭環境を背景とする問題状況が「改善」または「好転」したとされる事例が各自治体から一定程度報告され，派遣回数や相談件数も増加している（文部科学省 2016）。支援状況では，家庭環境の問題が最も多く，次いで不登校への対応が続き，人と環境との接点に介入するSWの役割が求められていることが推察される（文部科学省 2015）。小・中・高等学校に対する意識調査では，SSWに対して「必要性を感じる」とする回答も，73.9％にのぼっている（文部科学省 2015）。

　以上の調査から，子どもを取り巻く環境と社会的な相互作用に焦点を当て，エコロジカルに関わるSSWの有効性が，一定程度認知されていることが推察される。

（2）国による活用事業方針

　学校を拠点として家庭への支援を広げるため，内閣府ほか（2014）による「子供の貧困対策に関する大綱」を踏まえた2015年度概算要求では，全国で約1,500人のSSWerを2019年度までに約1万人に増やす方針が打ち出された。そのなかで，都道府県におけるSSWerの常勤的配置を進めるとともに，SWの質を向上させるために，SVrが，自治体による計画的管理や研修の実施，福祉機関との連携促進などを実施する，という計画も明記されている。

　2017年には，「学校教育法施行規則」の一部が改正され，「スクールカウンセラーは，学校における児童の心理に関する支援に従事する」，「スクールソーシャルワーカーは，学校における児童の福祉に関する支援に従事する」と職務内容が規定され，学校教育関連法規に初めてSSWerの位置付けが明文化された（2017年4月1日施行）。

　この改正を受け，文部科学省初等中等教育局長（2017）による「学校教育法施行規則の一部を改正する省令の施行について（通知）」では，ミクロアプローチである子どもと保護者からの相談対応のみならず，メゾアプローチである学校アセスメントと学校への働きかけ，マクロアプローチである地域アセスメントと地域への働きかけなどの，SSWerの具体的な職務内容が示されている。緊急時や災害時における支援に関しても，ミクロからマクロのアプローチに即した職務内容が示されている。

　このように文部科学省は，SSWerをはじめスクールカウンセラーなども含めた専門職との連携体制を構築し，不登校やいじめなどへの対応や支援をチームとして一体的に行い，多くの子どもの最善の利益につながるような教育相談体制の充実を図ろうとしている。

（3）SSWにおける専門職性に関する課題

　以上のように，SSWの普及が進められ，その成果が蓄積される一方で，SSW領域に特有の専門職性に関する課題が，先行研究において以下のように指摘されている。

第1に，人材採用と予算に関する課題である。「ソーシャルワーカー」という名称が使用されながらも，2016年度に雇用した実人数1,779人のうち，社会福祉士が912人（51.3％）および精神保健福祉士が518人（29.1％）と有資格者は全体の半分程度であり，そのほかは退職教員や臨床心理士など多様な人材が採用されていることである（文部科学省 2017a）。そのため，SSWerという肩書を持ちながらも，SWが実践されない場合があるという状況が生じている（門田ほか 2014：1-2）。山下（2016：14-15）は，新卒を含め，身分保障が確立されていない現場に就労する社会福祉専門職は多くなく，予算的な保障がなければ，社会福祉専門職以外の人材による有償ボランティア的な位置付けになる，と懸念している。活用事業に対して国が補助する予算割合は3割で，残りの7割を都道府県と市町村とが負担している。自治体によっては，時給が千円前後，交通費の支給なし，といった条件のところも珍しくない。SSWerやSVrの活動時間を増加させようとする熱心な自治体ほど，予算の持ち出し分も増加する状況に置かれている。このように，人材採用と予算に関する課題は，厳しい財政状況を抱える自治体にとっての大きなジレンマとなっている。

第2に，配置形態と勤務形態の課題である。SSWでは，指定校配置型，派遣型，拠点校型などの配置形態があり，それに関連してSSWerの勤務日数も週1日から週5日までの格差が生じている。155自治体を対象（回収率69.7％）とした2012年度の全国実態調査（山野 2015a：76-77）によると，回答したSSWer 372名のうち，派遣型が半数近くの170名（47.9％）を占め，次いで拠点校型が69名（19.4％），単独校配置型が58名（16.3％），派遣型と配置型（拠点校・単独校）の兼用型が51名（14.4％），登録型が7名（2.0％）という内訳が示されている。また，年間勤務日数は50日から100日未満が98名（26.3％）と最も多く，次いで50日未満が74名（19.9％）であり，平均で週2日未満という勤務日数の実態が明らかになっている。限られた時間数のなかで，一人のSSWerが複数校における多くの問題に関わり，直接支援が展開しにくい状況となっている。

第3に，SSWにおいて教育的価値観と福祉的価値観との軋轢が生じる課題も，これまで数多く取り上げられてきた。福祉という異質の価値観を導入する

ことへの学校側の抵抗感（山下 1998）や，学校文化の理解不足による教員との軋轢（大崎 2005），学校組織のなかに福祉専門職が組み入れられ，埋没してしまう危険性（山野 2007）などである。

そもそも，学校という場は，Germain（1982＝1992：134-135）が指摘したように，実在するエコロジカルな単位そのもので，子どもが学校と密接な相互作用を持つことが明らかであり，その密接さにおいては，子どもと家族の相互作用に次ぐものであると言われている。そのため，SSWは以下のような特徴を有しているとされている（Germain 1982＝1992：134-135）。SSWerは，学校と子どもの交互作用の中間面に位置していて，さらに，学校と家族，学校とコミュニティの間の中間面にも立つ。それゆえに，SSWerは，子ども，家族，コミュニティが社会的力量（コンピテンス）を高めるための援助をする位置に立つのと同時に，3者のニーズや願望に対する学校の応答性を高める援助も行う。この「二重の機能」を実践することでは，エコロジカルな単位そのものである学校を基盤とするSSWが，他の分野に先んじているとされてきた。

つまり，福祉とは異なる学校教育という領域をフィールドに，複合的課題を抱える子どもや家族に対するアプローチと同時に，学校に対しても，地域連携の視点から学校の開放性に向けた働きかけや，チームアプローチを援用した校内の相談体制の構築支援などにも取り組むのがSSWである。この福祉的領域と教育的領域へと同時にアプローチする「二重の機能」を，他領域である学校というフィールドにおいて実践することが，福祉のフィールドを主とする児童家庭福祉領域のSWとは異なるSSWの最大の特徴と言える。それは，学校をフィールドにSWを展開できることの強みであり，これまで学校の「抱え込み」による支援では限界があった生活課題に対してもアプローチできる可能性を有するのである。

しかし，その可能性の一方で，上記のような専門職性に関する課題が，実践現場において指摘されている。それは，SSWerが，不登校やいじめ，学級崩壊，校内暴力などの厳しい状況に置かれている学校現場において，ソーシャルワーカー（以下，SWer）としての専門性を発揮しにくい条件下での実践を余儀

なくされている場合が少なくないことを示している。つまり，もともと「二重の機能」を両立すること自体が簡単ではないことに加え，それを他領域である学校をフィールドとして実践しなければならないことも非常に困難なことであり，それが専門職性の課題として表面化しているとも言える。そのため，困難事例の早急な解決ばかりを要求されSWとしての支援展開が学校から理解されにくい，スクールカウンセラーと同等の役割を学校から期待されSW実践が展開できない，などの困難性が聞かれることも珍しくない状況となっている。

2. SSWにおけるSVの現状と課題

(1) 事業体制の実態

　このようなSSW実践としての機能が発揮されにくい状況が続く最も大きな要因の一つは，活用事業の運営主体である教育委員会が，事業を整備するための体制づくりを展開することが困難なところにあると考える。教育委員会には，社会福祉の専門職を雇用し管理する方策がもともと乏しい上に，担当者が通常2年から3年で入れ替わる人事異動により，運営方法が蓄積されにくい構造を持つからである。

　このことは，SSWerの労働条件と活動内容における実態調査（久能 2013：31-35）が明らかにした，自治体によって労働条件の差が大きく，専門的な実践を進める環境が整備されていない状況にも示されている。A県26市町の教育委員会担当者およびSSWerを対象としたこの調査によると（回収率77％），労働条件によって一人体制であることや，活動時間が足りないこと，単年契約のため大きな企画の立案・実施ができないことなどの制約が挙げられ，事業体制の未整備状況が指摘されている。また，支障となることでは，身近に相談できる人がいない，どこまで関わったらよいか分からない，どこまで教育委員会への指示をあおぐべきか分からない，早急な具体策や結果を求められる，学校現場の理解に温度差がある，などの自由記述回答もなされている。

　このような障壁を解消する立場にある教育委員会担当者の側にも，SSWer

に適した人材確保に難しさを抱えていることが明らかにされている。そして，雇用条件の向上や有資格者雇用の促進を進めること，そのためにも職能団体のバックアップ体制が望まれること，などが指摘されている（久能 2013：33）。

全国1,788件の活用事業担当者を対象（有効回答数742件，有効回答率41.5％）とした活用事業の実態調査（土井 2016：24）においても，予算の関係上，問題解決に必要なSSWerの活動時間を確保しにくい，要支援児童が増加するなかでSSWer数の確保が難しい，という同様の課題が指摘されている。

以上のように，SSW実践に即した事業体制の整備は，教育委員会が単独で容易に成し遂げられることではないものと考える。このような未整備状況のなか，SSWerは学校に求められるまま実践に奔走している。こうした課題が活用事業の基盤を常に揺るがしているために，SSWが持つ機能が効果的に発揮できない状況がもたらされていると考える。

(2) 変革のためのSVの必要性

このようなSSWerと教育委員会との間にある溝を埋め，両者を仲介し，さらに事業体制の変革を促進していくために，現時点での日本のSSWにおいて最も身近で実効性の高い存在が，SVrであると考える。

その理由として，第1に，現状の活用事業では，その事業体制に対する評価システムが存在しないためである。文部科学省では，毎年，全国のSSWerによる活動内容を集計し，実践事例をまとめ（文部科学省 2018），教育委員会による支援体制のあり方に関する提言を行っているが（文部科学省 2017b：44-47），各自治体の事業体制やそれに基づくSSWerの介入効果を評価し，改善する仕組みはない。そのため，自治体によっては，SSWer同士が実践状況を確認し共有する場がない，活動記録の様式や保管方法が明確化されていない，名目がSSWerでも実際は適応指導教室指導員として勤務している，などの実態が存在している。このような現状を改善するための方法は示されておらず，教育委員会担当者の個人レベルでの判断に左右される場合も少なくない。

第2に，事業体制づくりに対するSSWerによるマクロアプローチが実行さ

れにくいためである。SSWerのマクロアプローチの一つに，教育委員会と協働した自治体のネットワーク体制づくりが示されている（文部科学省 2017b：42）。しかし，SSWerによる組織化機能や社会変革機能などのメゾ・マクロ領域での実践頻度が低い実態が示されている（久能 2013：31-34）。多くのSSWerが，活動時間の制約や人材不足，困難事例への奔走状況に置かれているだけではなく，有期契約に基づく非常勤という雇用条件のために，教育委員会に対して事業改善を主張できない立場にあることも，その背景にあるものと考える。

　第3に，以上の課題を把握し，SSW実践に即して事業体制の変革に向けた具体的な指摘ができる立場にあるのがSVrだからである。次節でも言及するが，SVにおける管理的機能の職務事項の一つに，機関変革の仲介者となる，という項目が挙げられている（Kadushin and Harkness 2014＝2016：48-89）。機関変革の仲介者としてのSVrとは，SVrは機関の組織的な変革を促進するものとしての管理的な責任があり，機関の方針の策定や見直しに積極的に関与することができる，と言うものである（Kadushin and Harkness 2014＝2016：85-88）。これにより，組織変革を促進するためにSSWerと教育委員会とを仲介するSV機能が期待できるものと考える。

　第4に，国としても全国的にSVrの配置を強化しているという領域の特徴があるためである。社会福祉領域におけるSVrは，職場の管理職が兼任したり，上司のSWerによる日常的な助言をSVとみなしたり，SWerが個人的に職場外のSVrやSVシステムを利用したりする場合が一般的である。一方，文部科学省（2013）の「スクールソーシャルワーカー活用事業実施要領」では，「スクールソーシャルワーカーに対し，適切な指導・援助ができるスーパーバイザーを教育委員会・学校等に配置」することが事業内容のなかで明記されている。国からの予算補助の対象となる経費について，「スクールソーシャルワーカー及びスーパーバイザーの配置人数については，地域や学校の実情に応じて配置すること」，「スクールソーシャルワーカー及びスーパーバイザーの勤務日数や勤務時間については，地域や学校の実情に応じて設定すること」，「スクールソーシャルワーカー及びスーパーバイザーの報酬単価については，各地方公共団体

の会計基準に基づく単価を設定すること」とされている。これらに基づき，SVrのための予算措置が毎年度計上されている。このように，国は，SSWの普及のための重要な制度の一つとして，SV体制の整備を進めているのである。[3]

　以上から，活用事業の管理運営に対する管理的・評価的機能を用いたSV（山野 2010：17；大友 2015a）が，活用事業をSSW実践が機能する体制へと改善し，協働する事業体制に変革していくために，最も有効性の高いアプローチであると考える。

（3）SV体制の実態と課題

　そして，次のような調査研究により，実際には全国的にSV体制がまだ整備されていない実態があるなか，人材育成を中心としたSVに対する課題とニーズが示されている。

　第1に，先述の全国1,788件の活用事業担当者を対象としたSSW事業の実態調査（土井 2016：23-24）では，活用事業があると回答した275自治体のうち，SVを受ける機会が設定されていると回答した自治体は，131自治体（47.8％）に留まっている。東北地区が31自治体（70.5％）というSV設定割合であるのに対し，九州・沖縄地区が17自治体（30.9％）と低く，大きな地域格差も示されている。そして，SSWerを活用する上での課題があると回答する自治体が160自治体（66.1％）に及んでいる。そこでは，学校・家庭・地域へのSSWerの専門性の周知をどのように広めていくか，SSWerの資質向上のための研修をどのように実施していくか，などの課題が挙げられている。

　第2に，先述の155自治体を対象とした全国実態調査（山野 2015a：67-75）においても，SV体制があると回答した自治体は108自治体のうち57自治体（52.8％）に留まっている。SVrの資格は，社会福祉士と大学教員が同数の28自治体（49.1％），SSW経験者が19自治体（33.3％），臨床心理士が13自治体（22.8％），精神保健福祉士が12自治体（21.1％）と様々である。そして，活用事業を進める上で最も困難に感じられることとして，福祉人材の確保（21.3％），人員不足（18.5％），人材育成（14.8％）が上位を占め，SSWerの人材に関して困難を感じ

ている自治体が少なくないことが示されている。

第3に，全国23自治体におけるSVの実施実態の調査（門田ほか 2014：141-149）においても，教育委員会がSSW運営協議会以外でSVの予算化をしている自治体は，23自治体のうち13自治体（56.5％）に留まっている。その回数も予算との関係上，年3回から月1回までの格差がある。SVrの多くはSSW研究者である大学教員であるが，臨床心理士や教職経験者のみをSVrとして配置している自治体もある。また，SV内容においても，管理的・教育的・支持的機能全般にわたって実施している自治体もあれば，機能には着目せず連絡会における実践報告への助言をSVとしている自治体もあり，自治体の捉え方に大きな差異が生じている。さらには，管理的機能を，言葉遣いや面接態度などの指摘として実施している自治体もある。次節で後述するが，機関・組織の提供するプログラムと手続きを，効率と安全性を保ちつつ正確に履行することを目的とする「業務の思想」が背景にあるため（村田 2010：24），管理的機能を業務管理として捉えてしまう傾向が強いと推察される。

以上の調査研究による実態が示すように，SV体制がまだ整備されていない自治体は少なくないものの，SVに対する重要性と必要性への認識は高いものと推察される。ただし，このようなSV体制の改善や構築も含め，活用事業全体の体制を改善するために，事業の管理運営に働きかけるSVが通常業務内において一般的に実施されているという状況は，まだ示されていない。

第2節　SV研究の到達点と課題

1. SV研究の課題

(1) SV理論の先行研究と課題

ここまでSSWにおけるSVの必要性と実践現場でのSV実態について確認し，SV体制が未整備な状況があるものの，SVへのニーズは高いことを確認してき

た。次に，SVの理論的・実証的研究に関する先行研究を探索し，事業体制を変革するためのSVの基礎となる研究とは何かを確認して，その到達点と課題を明確化していく。

　まず，SV理論と定義に関して，国外におけるSV理論から整理する（表1-1）。SV理論として最も普及しているのが，SVrとスーパーバイジー（以下，SVe）の関係性を規定するSVの構造に関して，職場内部の上下関係を基盤とするKadushinのSV理論である。それは，「SVrは，有資格者SWerであり，SVeの業務に関する説明責任を持つことから，業務遂行を指示し，調整し，その質を高め，評価する権威を委譲されている」というSVrに関する定義に最もよく示されている（Kadushin and Harkness 2014＝2016：19）。そして，SVrの責任の遂行とは，SVrが，良好な人間関係の枠組みにおいてSVeと関わり，管理的，教育的，支持的機能を果たすことである。SVの最終目標は，機関の方針と手順に従って，クライエントに対し，量的にも質的にも可能な限り最善のサービスを提供することである，とされている。この背景には，欧米では中間管理職としてSVrを雇用し，組織がクライエントに対して最善のサービスを提供することを目的に，SWerを指導し評価する習慣がある。

　以上のKadushinによるSV構造の枠組みは，社会的役割理論（Bernard and Goodyear 2008：101-107）に依拠していると捉えられる。社会的役割理論は，社会心理学者であるMeadの社会的自我論が発端とされている（Mead 1934＝1973）。Meadは，一定の役割行動が社会的な位置を持つためには，自我の首尾一貫した行動が他者によって認知される役割認知が重要であるとし，社会学ではこの自我―他者関係を役割行動と社会構造のレベルに拡張させている（Frank 1993：411）。もともとSWにおいて，社会学や社会心理学における社会的役割理論が導入され始めたのは1940年代以降であり，精神分析学的な傾向に対する批判的反省の現れとして，「ケースワーク」がカウンセリングでもなく，心理治療でもない「ソーシャルケースワーク」という社会福祉固有の基本的性格を有することを明確にするために，操作的概念として導入されている（岡村1968：223-224）。この社会的役割理論を適用したSVとは，ある機関（組織）に

表1-1　国外の代表的な SV の定義と依拠する理論

先行研究	SVの定義	SVrの役割やSV関係	依拠する理論
Kadushin and Harkness（2014 = 2016）	SVrの責任の遂行とは，SVrが，良好な人間関係の枠組みにおいてSVeと関わり，管理的，教育的，支持的機能を果たすことである。SVの最終目標は，機関の方針と手順に従って，クライエントに対し，量的にも質的にも可能な限り最善のサービスを提供すること。	SVrは，有資格者SWerであり，SVeの業務に関する説明責任を持つことから，業務遂行を指示し，調整し，その質を高め，評価する権威を委譲されている。	社会的役割理論
Shulman（1982）	SVrは，SVeとの相互作用のなかで管理的，教育的，支持的機能を遂行し，機関の方針や手続きに従ってクライエントに量的，質的にサービスを提供する。	SVrはSWerとシステムとの相互作用に仲介者として介入する。	システム論，相互作用アプローチ
Munson（2002）	SVrがSVeの実践を補助し指示するように担当させられる交流的なプロセスであり，教育的・管理的・援助的な分野において，SVeの実践を支援，指導すること。	人の尊厳と価値，社会正義，人間関係の重要性という価値を基盤に，専門職としての同一性を確立しようとしているSWerに対し，その実践を支援，指導する。	クリニカルSW，NASWの倫理綱領
Buiski and Haglund（2001 = 2004）	SVrは，文脈主義に関する知識を与え，情動表出を見逃さず，体験の積み重ねを同定し言語化する手助けをする。	クライエントとSWerの相互性，力関係の平等性，理解促進の協働性を特徴とし，SV関係も文脈依存的であるとされる。	関係性理論，間主観的アプローチ

専門職として業務を行うことを期待された個人が，その組織の一員という立場（社会的位置）で，専門職としてより質の高い業務行為を継続的に取ることを組織的に担保する体制であるとされる（大賀 2015：39）。それは，専門職が業務行為を通して組織に貢献することで，組織が社会的役割を果たすことにもなるという。この適用は，財政難などの社会経済的な要因から，効率的なサービス提供と社会福祉機関の管理運営的なニーズの高まりによってSVの管理的機能が発展したことや，SWer個人へ焦点を当てるよりも組織のなかでの役割や地位，身分などを基盤としてSVが概念化されるようになった歴史的経緯も影響

している。以上から，管理的機能を重視し，SWerが所属する機関や施設の方針と手続きに基づいて，その機関や施設の量的・質的に最も可能なサービスを提供することに重点を置く，職場内部の上下関係を基盤にしたSVの構造は，社会的役割理論の影響を受けた枠組みであると捉えられる。

　このほかに，KadushinのSV定義を基本的に踏襲し，KadushinのSV定義をシステム論と整合性のあるものとして説明する，Shulman（1982）のシステム論に基づく相互作用アプローチがある。Shulman（1982：12-13）は，SVeとの相互作用のなかで管理的，教育的，支持的機能を遂行し，機関の方針や手続きに従ってクライエントに量的，質的にサービスを提供するというSVの目的が，相互作用アプローチに基づくSVとも合致しているとしている。SWerがクライエントを含む多くのシステムとの相互作用において障害が生じ，システムとの間で的確なコミュニケーションを維持することが困難となるような場合に，SVrはSWerとシステムとの相互作用に仲介者として介入することを特徴としている（山辺 2015：38-39）。SVrには，相互作用において管理的機能，教育的機能，支持的機能を果たし，相互作用を円滑に機能させる仲介的役割が求められているモデルである。

　一方，職場内部の上下関係を基盤にしたSVとは対称的に，SVrとSVeの独立性の維持を前提としたものに，Munson（2002）のクリニカルSWに基づくSV理論がある。そこでは，SVを「SVrがSVeの実践を補助し指示するように担当させられる交流的なプロセス」（Munson 2002：10）とし，SVrとSVeが，いかにその相互交流を変化させていくかに力点を置き，SWerとしての倫理的基盤の確立や専門性の教育的視点を重視している。その際，人の尊厳と価値，社会正義，人間関係の重要性などの，National Association of Social Workers（以下，NASW）の倫理綱領で示されている価値をSVでも基盤に置くことを強調している（北島 2015：65）。このようなMunsonのSV理論は，SVrの権威性を相対化させ，人権と社会正義の価値を基盤とし，専門性を向上させる教育的機能を重要視し，SVもSWの一過程としているところに特徴がある。また，ポストモダンおよび社会構成主義の影響を受け，人は生まれてから死ぬまでそ

の一生を通じて他者との関係のなかで自己を形成していくという関係性理論に基づくSVモデルも存在する（塩村 2015：179）。その代表的なアプローチが間主観的アプローチである。その特徴は，クライエントとSWerの相互性，力関係の平等性，理解促進の協働性であり，SV関係も文脈依存的であるとされる（Buiski and Haglund 2001＝2004：156）。SVrの客観性は否定され，SV関係は主観と主観の出会いの場である間主観的な場であり，SVrは，文脈主義に関する知識を与え，情動表出を見逃さず，体験の積み重ねを同定し言語化する手助けをする者として捉えられている（Buiski and Haglund 2001＝2004：164）。

　以上のように，国外のSV理論では，管理的機能を重視し，職場内部の上下関係を基盤とした社会的役割理論に基づくSVが最も普及している。その一方で，SV関係において生じる権威性を問題視し，SVrとSVeによる相互交流や文脈を重視するSV理論も生まれている。

　次に，日本におけるSV理論を概観する（表1-2）。日本においても，KadushinのSV理論を受け，機関・施設の目的に沿った支援レベルを確認する体制を重視する，社会的役割理論に基づいたSVが最も一般的である。福山（2005：198-199）は，SVとは，専門職の業務全般の遂行をバックアップするための職場の確認作業体制であるとしている。その上で，SVrの役割を，組織の理念や方針に沿った業務の遂行を促進するために，スタッフの力を活用して育てる組織の責任を一部引き受けて，職員が行う援助・支援活動を確認することとしている。それ以前の福山（1985）の定義において教育的側面が強調されていたことと比べ，より職場の確認体制が強調され，社会的役割理論が全面に出ているものと言える。また，日本社会福祉士会（2013；2014）は，認定社会福祉士などの認定におけるSVを，定める要件を満たしたSVrが，SVeの実践学習と専門職としての知識と技術への訓練を促進・支援するためにSWの視点から実施するものとしている。その目的は，社会福祉士としてのアイデンティティを確立する，所属組織におけるSW業務を確立し担えるようにする，専門職としての職責と機能が遂行できるようにする，とされている。以上は，SVrとSVeとの関係性に関しては権威的にならないよう配慮しつつも，管理的機能を中心に機関・施

第1章　先行研究の課題と本研究の目的　　19

表1-2　日本の代表的なSVの定義と依拠する理論

先行研究	SVの定義	SVrの役割やSV関係	依拠する理論
福山 (2005)	SVとは，専門職の業務全般の遂行をバックアップするための職場の確認作業体制である。	SVrは，組織の理念や方針に沿った業務の遂行を促進するために，スタッフの力を活用して育てる組織の責任を一部引き受けて，職員が行う援助・支援活動を確認する。	Kadushinの SV理論, 社会的役割 理論
日本社会福祉士会 (2013；2014)	SVrがSVeの実践学習と専門職としての知識と技術の訓練を促進・支援するためにSW視点から実施するもの。	認定社会福祉士などの認定において定める要件を満たしたSVrが担当する。	
山辺 (2015)	SVとは，SWerの養成と利用者（クライエント）の支援の向上を目的として，SVrがSWerとのSV関係のなかで教育的・管理的・支持的機能を遂行していく過程。	SVrは，「第3の力」として，仲介者として相互作用に仲介する。	Kadushinの SV理論, システム論, 相互作用アプローチ
村田 (2010)	苦しみへの対人援助論を基礎に，援助的コミュニケーションを用いてSVeである援助員の苦しみを聴き，SVeに自己の行為を意味付け言語化することを促しつつ対人援助専門職としての成長を支えること。	援助における相互作用がどのような関係性を成立させるかをSVrとSVeとの対話のなかで検討し，どのような関係の循環性や固有性が生み出されるかを解析する。	現象学，ケア概念

設の目的に沿った業務遂行を確認する体制をSVとして位置付け，Kadushinの SV理論を基本とし，最もコンセンサスが得られているものである。

　このほかに，システム論に基づくSV理論として，山辺 (2015) は，Shulman の相互作用モデルを，複雑化高度化する社会福祉問題や社会福祉援助を巡る状況に対応できるモデルとしてSVの基盤に位置付け，SVrは，「第3の力」として，仲介者として相互作用に仲介するとしている。一方，現象学とケアの概念に基づくSV理論として，村田 (2010：77) は，苦しみへの対人援助論を基礎に，援助的コミュニケーションを用いてSVeである援助員の苦しみを聴き，SVeに自己の行為を意味付け言語化することを促しつつ対人援助専門職としての成長を支えることが，支持的SVであるとしている。村田は，Kadushinの

SV理論ではSVrとSVeの関係性の臨床的な現実を捉えることができないと指摘し，対人援助の関係性を客観的に分析して特定するのではなく，SWerにとっての利用者の現れ，利用者にとってのSWerの現れ方を研究する現象学的アプローチによってSV理論研究が可能になるとしている（村田 2010：41）。

　以上のように，国外および日本のSV理論では，KadushinのSV理論に大きく影響を受け，管理的機能を中心に機関の目的に沿った業務遂行を確認する体制としてのSVが最も普及している。もちろん，組織としての業務遂行を保障しようとする先には，クライエントに対して適切な支援を提供するというSWの使命があるのは言うまでもない。そのため，管理的機能と教育的機能を中心にSW実践の質を底上げし，専門職としての実践責任主体としての成長を促し，クライエントのニーズに沿った適切な支援を展開するためのSVは，SWerにとって必要不可欠なものである。

　一方で，KadushinのSV理論は，規範的定義とも言われている（Tsui 2004：11-14）。規範的定義とは，SVに対する規範や標準を求め，何がSVであるべきかを問い，理念的にSVを理解することに主眼を置くものである（石田 2012：16）。日本におけるSV研究は，管理的機能，教育的機能，支持的機能からなるKadushinの規範的定義に大きく依拠し，SVの普及に一定の役割を果たしてきた。しかし，この3機能が同時並行的に，均等な比重で実践されにくいこと，管理的機能と教育的機能の間で対立葛藤が生じることが批判されてきた（石田 2012：17）。つまり，日本におけるSVでは，施設運営を目的とした管理的機能に傾く傾向があり，職場の上司による職務上の指導・監督・管理的なSVが主流となり，業務上の管理と効率が優先されるため，対人援助職としての成長を促すという教育的，支持的SVは育ちにくいという指摘である（村田 2010：198）。それは，組織・機関の提供するプログラムと手続きを，効率と安全性を保ちつつ正確に履行することを目的とし，その達成度や収益を評価の指標とする「業務の思想」が背景にあるため（村田 2010：24），日本においては管理的機能を業務管理として捉える傾向が強いのである。

　以上のように，日本におけるSVでは，KadushinのSV理論に基づいた定義

第1章　先行研究の課題と本研究の目的　　21

と方法を採用することが最も一般的となっている状況が存在している。しかし，どのようなSV理論をなぜ選択するかについては，そのSV場面を取り巻く文脈や状況に合わせ，目的と意図を明確にした上で採用することが重要であると考える。特に，SSW領域においては，専門性の発揮を阻む困難性を抱えているSSWerを支え，教育と福祉をバックグラウンドに持つ者同士が，それぞれの強みを発揮して協働し合う体制をつくり出す変革的なSVが求められると考える。そのためには，社会的役割理論と規範的定義に基づく一般的なSVだけでは達成することが難しいと考える。

　一方，社会的役割理論に基づくSVにおけるSVrとSVeとの権威的な関係性が生じる問題に対しては，国外および日本の双方で指摘され，権威性を相対化するための理論や議論が登場している。そこでは，SVrとSVeとの対話と相互作用が重視され，SVrとSVeとが互いに成長していく過程としてのSVが示された意義は大きい。しかし，対等性と平等性に基づく関係性や支持的機能を重視したSV理論では，SWerが置かれている組織や環境そのものを相対化し，変革する視点までは扱われてはいない。

(2) 変革機能に関する理論的研究と課題

　そこで，Kadushinが，管理的機能を果たす上での12の職務事項のなかで，運営管理の緩衝としてのSVrと，機関変革の仲介者としてのSVrの項目を挙げている点に着目する (Kadushin and Harkness 2014＝2016：48-89)。運営管理の緩衝としてのSVrとは，SVrが，SWerと所属機関とを仲介する緩衝者として役割を果たすことで，SWerは機関の考え方や規則，手続きについて疑問に思うことをSVrと話し合う機会を持つことができる，というものである (Kadushin and Harkness 2014＝2016：82-88)。そして，SVrは，管理運営側が不当な業務負担の基準をSWerに押し付けないよう努め，あまりにも官僚的で，権威的で，非民主的であれば，周囲の状況を修正し，緩衝装置として振舞うことができる，としている。

　ただし，Kadushinは，機関の方針を弁護して行動するSVrの責任を重視し

てるため，SVrは役割上，SWerに機関の方針を伝え，従うよう促さなければならないともしている。つまり，緩衝とは「危機の吸収性」であり，SWerの機関への反論をマネジメントし，機関として受け入れ可能な振る舞いに解釈し直し，機関が求めるものに適合する準備を整えるという意味合いが強い概念となってしまっている。この点においても，SVrは組織としての課題に沿ってSVeの行動をコントロールする権限を持ち，評価に関わることも多いため，力関係がSVrに偏りすぎるという問題が指摘されている（塩村 2015：162）。

また，機関変革の仲介者としてのSVrとは，SVrは機関の組織的な変革を促進するものとしての管理的な責任があり，機関の方針の策定や見直しに積極的に関与することができる，とされている（Kadushin and Harkness 2014＝2016：85-88）。黒川（1992：103-105）も，この概念について以下のように整理している。変革者としてのSVrは，組織の安定を維持するとともに組織の変革者としての責任を持っている。機関の政策や手続きの変更を働きかけ，機関の改革者として行動する戦略的な立場にいることを自覚すべきである。しかし，機関が進歩的でない場合は，改革は容易ではないという課題を持つ。また，組織内部での変革と同時に，地域社会のサービスシステムの欠陥についても目を向け，機関ネットワークの変化の必要性についても敏感でなければならない。

Borland（1995：37）も，SVの課題の一つに，組織展開の促進を指摘しており，職務の基準作成，モニタリング，適切な実行，説明責任とともに，恒常的な評価と組織方針の改善を挙げている。また，小山（2015：112-113）も，SVrによる組織変革の必要性を次のように指摘している。SVeの努力を支えるという支持的なアプローチだけでは，組織との間での倫理的ジレンマを解決できないことが多い。SWerの置かれている環境を変えていく必要や，職場の方針変更なども時には必要になり，現場をよいものに変えていくこともSVrには必要となる。

このように，SVrには，管理者に対して機関・組織の改善と変革を働きかける積極的な役割が示されている。この働きかけによって，管理者は，SWerとの関係性や，機関・組織の計画性を見直す機会を得ることができる。先述した

通り，SSW領域では，活用事業自体がまだ成熟しておらず，事業計画や方針を根本から見直していく必要性のある自治体が少なくない。よって，事業管理者とSSWerとが，職場環境の改善・改革に向けて協働するためにも，SVrが管理者側に変革者として働きかける役割は重要であると考える。

しかし，以上のSV定義に関する先行研究では，機関や組織に対する変革者としてのSVrの職務と役割が示され，課題として提示されるのみで，SWerへの確認事項の一つとして扱われるに留まっている。Kadushinも，この職務と役割の困難要因や対処方法をわずかに提示しているだけである（Kadushin and Harkness 2014＝2016：85-88）。この点からも，KadushinのSV理論は規範的定義の範疇を超えられず，理念的にその役割を示したにすぎないと言ってよい。以上から，機関や組織に対する変革を推進していくための拠り所となるSVプロセスを内包した理論が明らかにされていないことが，SV理論の先行研究における課題であると捉える。

(3) 実証的SVの先行研究と課題

これまで，事業体制を変革するための基礎となるSV理論を探るために，代表的な先行研究の到達点と課題を確認してきた。次に，SVによる効果検証やSVモデル開発などの近年の実証的な研究をレビューすることから，組織や機関を変革するSV実践モデルに関する研究課題について確認する。なお，文献の探索方法は，国外の文献に関して，EBSCOhost社のAcademic Search Premierにて，"social work supervision"で検索したなかから，2005年から2016年までの実証的な研究に着目した。また，国内の文献に関しては，「NII学術情報ナビゲータCiNii」及び「国立国会図書館蔵書検索システム」にて「（ソーシャルワーク or 社会福祉）＆ スーパービジョン」をキーワード検索したなかから，2005年から2016年までの実証的な研究に着目した。

まず，国外では，SVモデルやSVプログラムの開発と効果検証を主題とする実証的研究が一般的となっている（大友 2016）。以下に，国外における近年のSV研究を概観する。第1に，モデルの開発や検証に関する先行研究である。

Giddingsら（2008）による統合SVモデル（ISM）の効果検証や，Joubertら（2013）による代償性トラウマに関連した危機を低減するためのクリニカルSVのSVモデルが提示されている。第2に，特定の理論や国際基準を援用した研究である。Bennett（2008）による愛着理論に基づいたSVモデルや，Muskat（2013）によるIASWG基準（International Association for Social Work with Groups Standards）に基づいたグループワーク・リーダーのためのSVモデルなどが開発されている。また，Adamson（2012）は，SVの役割，機能，目的に内包している潜在的緊張は，いろいろな組織的，職業的な位置付けのプロセスへの適応によって潜在的に拡大されることを議論し，レジリエンス理論を援用して，その異なる機能から出るSVの重要問題に対処し，複雑な実践と組織上の環境における文脈的な位置付けに気づく際に，SV実践そのものが政治的に無関係のままでありえないことを議論している。さらに，Dolace（2013）は，慈悲的・キリスト教的（caritative）なSWにおけるSVの特異性と主な原則概念を記述し，SVの変革的で倫理的な性質，専門職のアイデンティティとキリスト教的同胞愛能力の資源としてのSVプロセスを分析している。第3に，マクロ領域の実践を支援するSVモデルの開発研究である。Hardinaら（2009）は，社会的正義に対して有権者と協働して実践するために必要な8つのコミュニケーション技術を含む，ソーシャルアクション能力を高める概念的モデルを開発している。これらのほかにも，メタ分析やレビュー研究，概念比較などの理論的研究がなされている。

　次に，国内における近年の実証的SV研究には，以下のような代表的な先行研究がある（大友 2016）。第1に，実証的研究によってSV体制を検証する研究である。福山（2005：238-262）は，SV体制の現状に関する実証的研究を，300人のSWerを対象に行っている。そのなかで，専門職として，また組織の一員として業務遂行を明確にすれば，SVが有効に稼動することを明らかにしている。第2に，SV効果についての検証研究である。浅野（2011：58-123）は，「ソーシャルワーク・サポートセンター名古屋」でのSVの効果とSVeの認識変化のプロセスを，量的・質的に明らかにしている。SVの効果では，価値，知識，技

術の直接伝達や自己覚知の促進，業務遂行の根拠の獲得・確認，視点・行動の選択肢の増加などが認められたとしている。また，SVeの認識変化の質的プロセス研究から，職場外の個別SVは，職場での抑制を解放し，気づきを構造化させ，SVeの内面と実践に変化をもたらし，自己洞察と専門職としての意識を高め，視野を広げることに寄与していることを明らかにしている。第3に，SVプログラムやシステムの開発・評価研究である。日本社会福祉士会（2013；2014）の2年にわたる研究では，認定社会福祉士認証・認定機構が示したSVの手順と様式の効果を検証し，それらの見直しを行った大規模な試みがなされている。この研究は，SV実施マニュアルを開発し，マッチングの手順やSVr支援の方法も開発するなど，SVプログラムとSVシステムを総合的に開発・評価する研究として位置付けることができる。2年をかけた一連の実証的研究は，量的・質的検証を重ねてエビデンスベーストプラクティス（以下，EBP）モデルへ発展させる視点，インターネットによるSVの導入や実施マニュアルの開発といった全国規模での実施・普及評価も視野に入れた点でも，最も先進的なSV研究の一つであると考えられる。第4に，個別のケース対応というミクロレベルでの実践における限界から，メゾ・マクロレベルの実践に対するSVの必要性を考察する研究である。黒木（2014）は，老人保健施設の生活相談員は，組織の管理的な立場に置かれることが多いため，施設に対しメゾ・マクロ実践のための組織づくりを推進するSVrとしての可能性があることを提言している。これらの指摘は，SVが，困難な個別ケース検討や心理的な支持に重点化される傾向があるなか，組織や地域にアプローチするSWerをバックアップするSVの必要性を示したものである。

　以上のように，近年におけるSVの先行研究レビューから，国外における実践領域に即したSVモデルの開発，国内におけるSVの効果検証やプログラム開発などの実証的研究が実施されていることが明らかになった。国外に比べて国内では実証的なSV研究が不足している傾向にあるが（大友 2015b），日本社会福祉士会における研究を中心に，その蓄積がなされつつある。

　そのなかで，Adamson（2012）による組織に関与する際の政治的な課題に関

する分析と考察，Dolace（2013）による慈悲的・キリスト教的（caritative）な
SVの変革的な性質に関する分析と考察がなされている。また，Hardinaら
（2009）のマクロ実践を支援するソーシャルアクションを高める概念モデルの
開発も確認ができた。また，黒木（2014）による，施設に対するメゾ・マクロ
実践のための組織づくりを推進するSVrとしての可能性に関する考察と提言も
存在している。しかし，筆者の管見の限り，これらの先行研究では，機関や組
織を変革するための参照枠となるSV実践モデルまでは明らかにされていない。
そのため，理論的な先行研究と同様に，機関や組織の体制を変革するSVに援
用可能性のある実践モデルは明らかになっていないことが，実証的SVの先行
研究における課題であると考える。

2．SSWにおけるSV研究の課題

(1) SSWにおけるSVの先行研究

　ここまで，SWにおける理論的・実証的なSV研究について，特に変革的側
面に関する到達点と課題を確認してきた。ここからは，SSWにおける近年の
SV研究についても確認し，SSW実践が機能する事業体制へと変革するための
SVに参照できる研究について探索して，その到達点と課題を明確化する。

　標準的なSVプログラムの整備も喫緊の課題とされるなか（門田ほか 2014），
SSWのSVについて明らかにした研究には，以下のようなものがある。なお，
文献の探索方法は，国内の文献に関しては，「NII学術情報ナビゲータCiNii」
及び「国立国会図書館蔵書検索システム」にて「スクールソーシャルワーク
＆ スーパービジョン」をキーワード検索したなかから，2008年から2017年ま
での研究に着目した。また，国外の文献に関して，EBSCOhost社のAcademic
Search CompleteとAcademic Search PsycINFOにて，"school social work
supervision"で検索したなかから，2008年から2017年までの研究に着目した。

　第1に，SV体制による実践への影響を明らかにした研究である。先述の全
国実態調査（山野 2015a：67-75）において，SV体制がある自治体では，連絡会

の構築や活用事業の強化を行い，SSW発展に向けた戦略会議を教育委員会担当者がSVr・SSWerと頻繁に実施し，自治体の事業の根幹に関わる部分の機能が充実していることが明らかにされている。また，SV体制がある自治体では，ケース会議の活動においてSSWerが教員の文脈を理解し，アセスメント力を付けることに対してSVが好影響を与えていることも示唆されている。さらに，SV体制がSSWerの専門性を介して，教員の協働認識に好影響を与えることと，教員の子ども・家庭に対する認識にポジティブな影響をもたらすことも明らかにされている（厨子・山野 2013）。

　第2に，人材の多様さを主な背景とする実践のばらつきが生じている状況に対し，SSWerの実践の拠り所となるガイドラインがいくつか開発されている。馬場（2017）は，アメリカのNASWが示しているSSWの実践指針を日本に応用した「実践スタンダード」を提示している[4]。また，文部科学省（2013）の「スクールソーシャルワーカー活用事業実施要領」では，5つの業務内容が大まかに示されている[5]。さらに，文部科学省（2017b：40-50）は，SSWが学校で有効活用されるためのガイドライン（試案）を初めて示したが[6]，「SSWとして最低限盛り込むべき事項，および盛り込むことが望ましい事項についてまとめた」ものであるため，各自治体においてこのガイドラインを参照して現場の実情に合わせた指針を策定することが必要となっている。

　第3に，SVのプログラムやシステム開発に関する研究である。門田ら（2016）は，新任SSWerが学校教育現場で求められるSWサービスを提供していけるようになるためのSVプログラムを提示している。このプログラムは，Howe and Gray（2013）のケースマネジメントとサービスの質に焦点化されたアプローチ（managerial approach）を援用したものである。SVのためのチェックリストも開発され，量的調査の成果を踏まえて初任者と熟練者とを差別化して示している。このほかに，宮嶋（2016）により，SSW実践の展開と進捗状況をモニタリングすることを中心としたSVシステム開発の実践報告がなされている。

　また，国外では，Berzin and O'Connor（2010：237-238）が，アメリカの修士課程における58のプログラムを分析し，SSWのシラバスは，変化する教育

環境に対処する内容は限られていることを明らかにしている。Bluestone-Miller
ら（2016：86-87）も，アメリカの一部の学校区域では，いかなる種類の正式な
SVも行われず，正式のSVrがいない場合があり，SSWerが自身でピアサポー
トやSVグループを開発して問題に取り組んできたことを指摘している。この
ような状況に対して，ロヨラ大学SW教育課程では，SSWerのSVのために，
「家庭と学校のパートナーシッププログラム」をシカゴ地域にて提供している
（Kelly et al. 2012）。このプログラムは，当初，コンサルテーショングループの
みを提供するという限界があった。そのため，学校に拠点を置くメンタルヘル
スの専門家が，能力や適性を向上させるために必要なサポートと専門的知識を
得ることに重点を置いた，ワークショップとオンラインクラスを提供すること
に発展している（Bluestone-Miller et al. 2016：87）。

　以上のように，先行研究では，SV体制によって活用事業の強化や発展に向
けた会議が頻繁に行われるようになること，SSWerが教員の文脈を理解する
こと，SSWerの専門性を介して教員の協働認識に好影響を与えることなどが
明らかになっている。さらに，いくつかのSSWer向けのガイドラインやSV向
けのプログラムが開発され，SSWにおける価値や実践の方向性が示され，教
育的機能を中心にSSWerをバックアップする研究が行われていることが確認
できた。

（2）SSWにおけるSV研究の到達的と課題

　本章第1節において，文部科学省としてSV体制の整備を謳っているものの
実際はSV体制が未整備な実態であること，活用事業の改善に働きかけるSV
が一般的には行われていないことを確認した。そして，上記の先行研究のよう
にいくつかのガイドラインが提示されているものの，自治体における活用事業
を改善するための指針となる視点やプロセスまでは示されていない。

　また，門田ら（2016）によるSVプログラムは，採用1年目から3年目に対す
るSWサービスの実践状況を確認するSVが中心的内容であるため，管理的機
能では，職務役割や態度の確認が主な目的となっている。活用事業のあり方や

事業環境づくりのために，SVrが仲介的機能を用いて教育委員会へアプローチしていく視点は示されているものの，その具体的な方法やプロセスまでは明らかにされていない。

さらに，Kellyら（2012）によるSVプログラムの内容も，事例検討による教育的機能を重視したSVが中心なっており，機関の変革に働きかけるSVについては扱われていない。その背景には，シカゴ教育委員会（Chicago Public Schools）に配置されているSSWerの専門職であり管理者でもあるマネージャーが管理的SVを実施し，修士課程修了などの高い専門性を有する300名をも超えるSSWerが配置されている事業体制が，長い歴史により構築されている（半羽・比嘉 2014：14-25）。このように，標準的な事業体制が整備されている状況は，日本の現状とはかなり異なっているため，このプログラムを日本でそのまま援用することは適切ではないと考える。

もちろん，SSWerの専門性の担保・向上に向けた支援は，活用事業の開始以前から重要な課題とされてきた（山野 2006）。しかし，SSWは，福祉領域とは異なる学校をフィールドに，子ども家庭や地域と学校とに同時にアプローチする難しさを有している。そして，活用事業が未整備な状況から，領域特有の課題が顕在化している。このような困難状況を解決するためには，これまでの先行研究では不十分である。つまり，SSWerへの教育的・支持的支援のみならず，SSW体制に働きかけるマクロなアプローチを包含するSVが不可欠と考える。

3. SVに活用できるエンパワメント研究

(1) エンパワメント理論とは

ここまで，事業体制を変革するためのSVの基礎となる研究を探索し，その研究課題を明確にしてきたが，これまでの理論的・実証的なSVの先行研究からは，SSWにおいて事業体制を変革していくための参照枠となる研究は，管見の限り見つけることができなかった。そこで，事業体制を変革するための

SV 研究を進めていくためには，SV に関する先行研究において最も一般的であった社会的役割理論に基づく SV とは異なる，エンパワメント理論に依拠することが必要であると考える。なぜなら，エンパワメントは，ミクロの個人成長のみならず，メゾの組織やシステム変革，さらにはマクロの社会構造の変革までも志向するからである。また，近年は援助者へのエンパワメントに関しても議論がなされており，SV にも援用可能性があるものと考えたからである。そのため，ここでは，エンパワメント理論の概要と，SV に活用できる援助者へのエンパワメント研究について確認する。

エンパワメントは，Solomon (1976) により，黒人に対する SW の目的と過程として概念化された。Solomon は，エンパワメントの定義を，スティグマ化された集団の構成メンバーに基づいて付与された否定的評価によってつくり出されている，パワーレスの状態を改善することを目的に，クライエント，クライエント・システムとともに SWer が一連の諸活動に携わる過程としている (Solomon 1976：19)。その後，1980 年代には，高齢者や女性，HIV/AIDS 患者などに対応する SW 実践に適用され，1990 年代にはストレングス視点と関連しながら SW アプローチの展開のなかに組み込まれていった (久保 2016：115)。

そして，近年におけるエンパワメントの定義は，個人，グループ，コミュニティが自分自身の環境をコントロールできるようになり，自分たちの目標を達成し，それによって自分自身も他者も，生活の質を最大限にまで高められ働けるよう援助すること，とされている (Adams 2003＝2007：9)。

このようなエンパワメントは，社会正義の実現，周縁化され抑圧された人々の側に立って活動するという SW のミッションの上に成り立っている (久保 2016：114)。エンパワメントは，人と環境との間の複雑で力動的な相互作用の過程で生じるパワー・インバランスを問題とし，パワーを剥奪され無力化された状態を生み出す構造的要因に着目し，パワー・ベースの改革，すなわち，パワーの再配置を図ろうとする。

そして，エンパワメントアプローチは，パワーを剥奪され無力化された状態に置かれている当事者が主体となり，当事者と SWer との協働作業により，個

人的，対人的，社会的レベルのパワーの回復・獲得を支援するアプローチである。それは，社会の構造的変化を伴う相互変容をもたらし，個人の成長発達とマクロシステムの変化双方に焦点を当てる，マルチレベルのアプローチであるとされる（久保 2016：114）。

エンパワメントは，この3つの各レベルが相互浸透しながら，以下のように展開していく（久保 2016：119-120）。第1に，自らを生活の主体者として自覚し，自尊感情，セルフコントロール，自己効力感を持ち，社会資源を活用しながら，自分自身の生活をコントロールしていく現実的な生活力を持つ，心理的・個人的エンパワメントである。第2に，他者と安心できる積極的な関係を取り結び，自己主張し，効果的な相互影響作用を行い，互いに対等な人間同士として自分たちの問題を共に検討し，解釈するグループに対等の立場で参加する，対人的エンパワメントである。第3に，自分の能力を生かして社会的活動に取り組み，社会変化，パワーの再配置を目指して行動を取り，社会的発言力を持ち，ソーシャルアクションや制度の変革への集合的参加，政策決定レベルへの参画などを通して，社会的不正義の認知から社会資源の再分配を引き起こす，社会的（政治的）エンパワメントである。

同じく，個人的，対人的，社会的なレベルにおけるエンパワメントの定義について，DuBoisは以下のように説明している（DoBois and Miley 2014＝2017：29-34）。エンパワメントとは，人が自らの内面や他者との関係，また社会的・経済的・政治的環境のなかで力を得ることであり，それには個人的であると同時に政治的であり，自己変革という意味と，抑圧の原因となる社会経済的ならびに政治的条件の変革という両方の意味を持つ。個人に対するエンパワメントは，個人の成長と自己評価の向上という成果をもたらす。対人関係的エンパワメントは，抑圧の原因となり個人に害を及ぼす人間関係の修正という結果につながる。社会的エンパワメントには，抑圧の本質と社会的・政治的・経済的矛盾に対する批判的理解の育成の意味も含まれる。

そして，上記に関連するエンパワメントのプロセスとして，アセスメント，介入目標の設定，4つの次元における介入，事後評価という4つのプロセスが，

次のように示されている（Gutiérrez et al. 1998＝2000：14-27）。第1に，アセスメントでは，SWerとクライエントは，対話のプロセスに入りパートナーとして問題を明確化し，再検討し，戦略を立てる。問題に影響を及ぼすミクロからマクロシステムについての分析も行う。また，アセスメントを通して両者が呵責から自己受容に転換し，個人と複合的な環境のストレングスを見立てる。さらに，アセスメントがエンパワメントの学習経験ともなる。第2に，介入目標の設定では，パワーを強める目標や社会正義，安全な環境を前提とし，SW固有の価値とともに個人から対人，社会的レベルまで広げられる。その際，どのレベルに介入目標を設定するかは，クライエントとの同意と目標によって決定される。第3に，4つの介入次元とは，①SWer・クライエント関係を構築し，当面のニーズと資源の充足を図る，②問題克服のための知識や技能を提供し，会議や，ワークショップ，小グループ形成などを行う，③当面の環境を変革もしくは調停していくために，社会的サービスや資源，そのアクセス方法を学ぶ，④自治体や国，国際的なマクロレベルにおいて，個人の問題に影響を与える環境要因に働きかけるソーシャルアクションである。これらの次元は，直線的・連続的な関係ではなく，どの次元からも開始され，同時進行する場合もある。第4に，事後評価では，3つのレベルにおいてエンパワメントされたかどうかを，参加者が協働で継続的に評価する。

　以上のように，エンパワメント理論は，ストレングスとコンピテンスに注目する姿勢，対等な関係であり当事者自身こそが最も重視すべき専門家と考え当事者と協働すること，人間の尊厳と社会正義の中核的価値に基づいた構造的状況に対する批判的省察，自らの人生を支配し環境に影響を与える個人的パワーと，システムを変革し資源を再分配し社会を再編成する社会的（政治的）パワーの結合を特徴とする。そして，エンパワメントのプロセスは，個人的・対人的・社会的の3つのレベルが相互に関連し合いながら展開されるものである。また，当事者とSWerと協働関係が重視され，目標設定を共有し，それに向けた学び合い自体もエンパワメントを促す重要な要素となっている。

　このような対等性に基づく関係性をSVに取り入れることにより，SVrと

SVe の間に生じる権威性という課題を乗り越える視点を付与することが可能となると考える。なおかつ，ミクロの個人的変容からマクロの社会変革までも射程に入れたエンパワメント理論に依拠することで，事業体制を変革するSV理論を生成できる可能性があるものと判断する。さらには，SVrがSSWerと協働してSSW制度構造そのものの変革に向けた国へのソーシャルアクションなどを志向するSV研究に発展できる可能性も有していると考える。

(2) 援助者へのエンパワメントにおける議論

そこで，SVとの関連性の高い援助者へのエンパワメント研究についても確認する。エンパワメントの対象となる者は，常にエンパワメントが欠如し，抑圧状態にある者ばかりではなく，自身の資源の向上を目指し，組織の効果を高める取り組みにも活用されている（村上・山本 2014：199）。また，1990年代半ばから社会福祉関連領域において，クライエントのエンパワメントを図るための不可欠な要素として「スタッフエンパワメント」が重要視されるようになっている。そこでは，職員自身のエンパワメントが行われていなければ他者のエンパワメントの促進に従事することは困難であること，専門職として働くものが組織のなかで尊重され，エンパワメントされることが他者のエンパワメントに寄与する前提条件となること，などの指摘がなされるようになった（久田 2009：76）。

さらに，1990年代半ばから，エンパワメントの概念が個人だけではなく，チーム（集団）や組織にも適用でき，チームや組織そのものもエンパワーできるのではないかという問題提起がなされるようになっている。そこでは，個人レベルのエンパワメントをチームに拡張し，チームそのものにより多くの権限を与えること，チームそのものが効力感，有意味感，自律性，影響感を持つこと，とされている（青木 2009：75）。

このように，援助者へのエンパワメントや，組織へのエンパワメントの可能性が示唆されている。しかし，援助者を対象とするエンパワメント獲得プロセスの研究は，看護師を対象とした看護領域でいくつか取り組まれているだけで

ある（村上ら 2015：198-199）。また，SW実践理論としてのエンパワメントが未成熟な状況にあるなか，援助者へのエンパワメントまでも果たして可能なのかどうか，という問題提起もなされている（久保 2000：132）。

　以上のように多岐にわたる議論がなされ，まだ統一された結論が出されていない側面も有するが，エンパワメントは，SWerと当事者間だけで用いられる理論ではなく，SVrとSVeとの間でSVとしても検討できるものであることが確認できた。

第3節　SVに活用できる参加型評価

1.　評価とは

　前節までの整理から，エンパワメント理論に依拠し事業体制を変革するSVに適用できる方法論が必要であると考える。そこで，エンパワメントを目指す参加型評価という実践的方法論に着目することが，本研究に最も適しているのではないかと判断した。その理由を述べるために，まず，評価学における評価の定義を確認し，参加型評価の定義や特徴を概観する。

　評価学における代表的な評価の定義は，「評価は，物事の本質，値打ち，意義を体系的に明らかにすること」とされている（Scriven 1991：139）。この定義にしたがうと，何らかの目的のために設定した目標に対し，「何％を達成した」などの一般的な指標の測定だけでは，評価とは言えないこととなる。つまり，評価対象の本質や値打ち，意義を明らかにするためには，「何％を達成した」という事実の特定だけでは適切ではなく，それが十分なのか不十分なのか，良いのか悪いのか，意義があるのかないのか，といった基準に沿った判断と価値付けが必要となる（源 2016：5）。

　この評価基準や評価方式を巡って，アメリカで展開されてきた評価学では，多岐にわたる論争がなされてきた。特に，複数の人々が関わる社会活動に対す

る判断の基準や方法に関して，評価は独立性が高い第三者によって科学的根拠をもってなされなければならないという主張と，評価結果は実用的で活用されなければ意味がなく，そのためには評価結果を活用する利害関係者の参加が必要であるという主張が対立してきている（源 2015：35）。また，評価結果が活用されるためには，評価対象や評価方法そのものの妥当性を問うことも，評価の一部であるとする考え方も出ている（源 2016：4）。

　そもそも，特定の社会目標を達成するために，関係者が中心となって介入する活動群を評価する方法は，アメリカにおいて，主に1930年代から学校におけるカリキュラムや教育プログラムに対する評価，世界恐慌後の失業対策や職業訓練プログラム介入評価などによって始まったものである（Guba and Lincoln 1989：22-26）。その後，1960年代の貧困対策や社会保障プログラムなどに対する専門家による客観的な判定による評価へと移行したが，1980年代以降は，客観的・科学的評価への疑問が投げかけられ，社会構成主義をパラダイムとする当事者を主体とした評価へと発展してきた（Guba and Lincoln 1989：29-31）。このように，Guba and Lincoln（1989：21-49）は，全米におけるプログラム評価の歴史的展開を概観し，次の4つの世代に分類している。第1世代は「測定の時代」で20世紀初頭から始まった学校におけるテストの測定に関する評価である。1930年代から始まる第2世代「記述の世代」は，教育プログラム達成度に対して記述する評価である。1960年代頃からの第3世代「判定の時代」では，目標値に対する記述だけでなく客観的判定が評価者に求められるようになった。そのためには，物事の因果関係から得られる強いデータが必要となり，操作的・実験的アプローチが行われるようになった。しかし，実証主義に基づく科学的パラダイムへの依存は，評価対象の置かれている状況からの乖離，専門家や管理者のための評価の活用など，様々な問題が指摘された。そのため，1980年代以降の第4世代「交渉の時代」の社会構成主義をパラダイムとする評価が，そのような問題に対する代替案として登場している（藤島 2014：22-23）。

　以上のように，アメリカにおける評価研究では，特定の社会目標を達成するための評価のあり方についての多くの議論が蓄積されてきている。しかし，日

本では，評価の理論に関する理解不足と混乱があるために，評価研究が普及しにくいとされている（山谷 2004：1）。アメリカでは，評価の概念が「社会問題」の評価や，「社会サービス問題」の見直しという形で普及してきたのに対し，日本では，評価が「業務測定」や「評定」として捉えられているためである。したがって，本研究では，評価学における評価の定義を踏まえ，評価を，複数の人々が関わる社会活動に対する，本質や意義を明らかにするための判断作業であり，社会の改善に向けた価値付けの活動として位置付ける。

2. エンパワメントを目指す参加型評価

上記のような評価に対する変遷のなかで，参加型評価は，専門家による大規模な評価調査が必ずしも有効活用されていないことへの懸念と，評価を手段として社会の改善に貢献できないかという気運の高まりを背景に，主にアメリカおよびカナダにおいて1970年代以降から広く展開されたものである（源 2015：37）。したがって，参加型評価は，社会構成主義をパラダイムとする上記の第4世代に位置付けられている。

参加型評価とは，評価に関わる人々のエンパワメントを目指し，自分たちの実践を「対話」と「合意形成」を通して見直し改善することから，社会変革も志向する評価形態である。その定義は，「ある社会課題の解決に貢献するために何らかの活動や制度設計として組み立てられたプログラムに対して，評価の知識・技術を持つ専門家が，その専門家集団のみならず，プログラムに関わりのある人々を巻き込み，共に評価を行う形」とされる（源 2016：5-22）。その特徴は，以下の通りである（源 2015：37）。第1に，評価過程が参加者にとっての学習過程となり，エンパワメントや当事者意識醸成に効果的なことである。第2に，関係者が評価過程に関わり，「対話」と「合意形成」を通して評価を行うことにより，評価対象に対する帰属意識が高まり，その結果として評価情報の活用度が高まるという点である。第3に，評価過程は，創発と意見の収斂という繰り返しが展開され，その過程において，評価の意味や目的の共有化が関係

第1章　先行研究の課題と本研究の目的　　37

表1-3　参加型評価と従来型評価の特徴

	参加型評価	独立型評価
狙い	エンパワメント	コントロール
評価の基準	「構築された」事実	「客観的」事実
データの解釈	文脈における解釈	一般化された説明
評価者の役割	ファシリテーター，コーチ	査定者，判断者
影響を与えるソース	評価の過程（プロセス）の活用	評価結果の活用

出典：源（2015：37）

者間で図られ，地域における新たな価値の創出がなされることである（表1-3）。

　また，参加型評価は，評価の基準は外部から示されたものではなく，評価対象となった社会の文脈において参加者によって決められることを重視する。つまり，「事実」は社会の文脈のなかで構成されるという「構成主義」の立場を取る（源 2015：37）。事実はある価値体系のなかで解釈されて意味を持つようになるのであり，客観的な一つの事実が最初から存在するわけではないという考え方である（Guba and Lincoln 1989：47-48）。例えば，まちおこしのためのプログラムを住民代表や行政，NPO，などの関係者が参加して評価する場合，まちの将来像や地域の抱える問題に対する認識は関係者の関わり方や立場によって異なるため，目標に向けた戦略や活動内容も利害関係が明確になればなるほど意見の対立が起きやすいが，何をもって「よし」とするかの価値の議論は，共有のルールを模索する討議により進められる（源 2016：27）。したがって，参加型評価の評価設計では，評価者と利害関係者，ならびに利害関係者間の対話を通して，主要な利害関係の多様な関心やものの見方が反映され，関係者が「納得」する価値選択により評価されることとなる。

　以上のエンパワメントを目指し社会変革を志向する参加型評価に着目することにより，事業体制を変革するSVを明らかにすることができるものと考える。前節で確認した通り，SSWは，福祉領域とは異なる学校をフィールドに，子ども家庭や地域と学校とに同時にアプローチする難しさを有し，なおかつ，その事業体制自体が未成熟な状況に置かれている。そのため，事業体制の変革を

進めるSVには，SSWerへの教育的・支持的支援に加え，SSW体制に働きかけるマクロなアプローチが必要である。そして，この問題解決の枠組みとしてメゾ・マクロ実践であるエンパワメントを目指す参加型評価の手法が有効であると考えたのである。つまり，自分たちの実践を見直すだけではなく，評価に関わる人々が協働しながらエンパワメントし合い，社会的問題の改善にもアプローチする，メゾ・マクロ実践としての参加型評価が，現時点においてはエンパワメントアプローチに最も親和性が高い実践的方法論と判断した。

第4節　本研究の目的と構成

1．本研究の目的と意義

　前節まで，SSW実践が機能する事業体制へと変革していくためにはSVが有効であることを説明し，そのための基礎となり援用できるSV研究を探索して，その到達点と課題を明確化してきた。そこから，一般的なSVとは異なるエンパワメント理論に依拠することが必要であること，現時点では参加型評価がエンパワメントアプローチに最も親和性が高いと考える根拠を述べてきた。

　以上により，本研究は，SSWerをエンパワメントし事業体制を変革するSVプロセスを明らかにすることから，事業体制を変革するSV実践モデルを生成することを目的とする。

　そこで，筆者が本研究のSVに最も適合すると判断した，SSWにおいて参加型評価を試行的にSVに活用しているSVrに着目する。そこから，参加型評価を活用してエンパワメントを進め，事業体制を改善しようとするSVrの視点やプロセスを質的研究によって明らかにする。

　以上を明らかにすることによって，次のような研究上の意義がもたらされる可能性がある。第1に，日本におけるSV理論研究に対する貢献である。すなわち，業務全般をバックアップするための職場の確認体制という社会的役割理

論に基づくSV理論に加え，エンパワメント概念に依拠したSV理論，さらにはエンパワメントを目指す参加型評価を活用したSV理論の有効性を示すことで，より包括的なSV理論を提示できる意義があるのではないかと考える。これにより，日本のSWにおいて，エンパワメント概念に基づくSV研究の開発と普及に寄与できるものと考える。

第2に，生成されたSV実践モデルにより，参加型評価をSVとして活用する際の視点や方法，関係者による「対話」と「合意形成」，SSWerへのエンパワメントと事業体制の変革など，参加型評価としての手法をSVに活用する際の具体的な視点と方法を示すことができるのではないかと考える。それにより，SSW実践の展開に苦慮するSSWerを専門職としての実践責任主体へと成長させ，なおかつ，教育と福祉の協働に向けた事業体制づくりも目指すSVrのための実践指針として寄与できるものと考える。さらには，SSW領域ではまだ進展していない参加型評価研究を推進させる側面でも貢献できるものと考える。

2. 本書の構成

本書の構成は，以下の通りである（図1-1）。第1章では，先行研究の到達点と課題を整理することから，SSWにおけるSV実践モデルの必要性を明らかにし，本研究の目的と意義を述べてきた。第2章の調査デザインでは，調査対象者の選定理由と質的研究法として本研究に採用したM-GTAによる分析方法，調査・分析プロセスについて述べる。第3章では，M-GTAによる分析テーマ「参加型評価を活用したSVプロセスでは，どのようなエンパワメントが実践され，それがいかに協働を形成し，組織変革につながっているのか」について，その分析結果と考察を述べる。第4章の結論では，生成したSV実践モデルの結果と意義や，エンパワメントプロセスとの関連性と意義，SV実践モデルに基づくツールの提示，SW研究への示唆と意義を述べ，最後に，今後の研究課題についてまとめる。

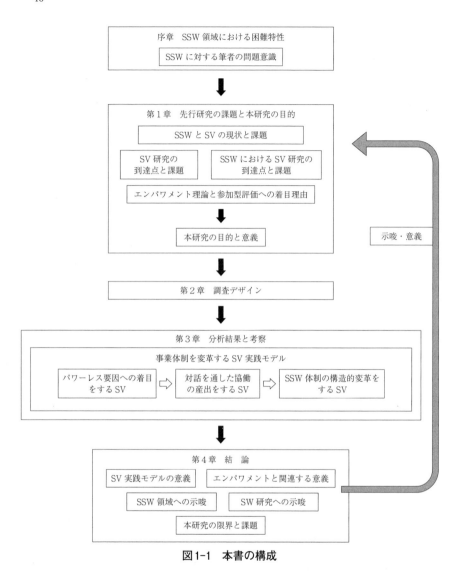

図1-1　本書の構成

注

1) 文部科学省（2013）が示すSSWer採用要件では「スクールソーシャルワーカーとして選考する者について，社会福祉士や精神保健福祉士等の福祉に関する専門的な資格を有する者が望ましいが，地域や学校の実情に応じて，福祉や教育の分野において，専門的な知識・技術を有する者又は活動経験の実績等がある者」とされている。

2) 配置型とは，特定の学校に配属され常駐して，基本的には直接支援を中心に実践を行い，地域の関係機関との連携も行いやすい形式を指す。派遣型とは，教育委員会や教育事務所などに配置されたSSWerが，学校などから派遣申請を受けて訪問しながら支援活動を行う形式で，コンサルテーションやケース会議への参加など，間接支援が中心となる。拠点校型とは，特定の学校に配属されるが，校区内や近隣の学校に対しても定期巡回や派遣申請により直接および間接支援を行う（半羽 2016：47）。

3) 活用事業におけるSVの場合，教育委員会に対する支援も含まれるのが通常であるが，本研究では，異なる専門職に対する支援もコンサルテーションではなく，SVとして判断する。

　　コンサルテーションとは，異なる専門性を持つ複数の者（コンサルタントとコンサルティ）が，自由意思に基づく任意の契約関係のなかで，支援対象となる特定の問題状況を検討しよりよい援助のあり方を共に話し合い解決する，有期限の協働プロセスのことである（大島 2015a：280）。そのため，社会福祉学やSWを専門とするSVrが，学校教育を専門とする教育委員会担当者に対して支援する機能は，他職種による知識や技術の提供という意味で，コンサルテーションとしても位置付けられる可能性がある。

　　しかし，コンサルテーションには，自由意思を基盤とする任意契約に基づいて行われる特徴がある。そのため，活用事業という制度上における委任である場合や，組織内部に所属し組織上のライン関係で管理責任が生じる職務としての契約に基づいている場合は，コンサルテーションとは言えないこととなる。また，単年度契約に基づく外部委託のSVrであっても，継続的に更新されることが慣例となっており，有期限の協働プロセスというよりは日常的な支援としての機能が強い。さらに，コンサルテーションには，コンサルティが自発的に相談することが中心となる（大島 2015a：281）。この点においても，活用事業内の制度としてSVrが配置され，国から各都道府県に予算措置が行われているため，活用事業の延長線上としてSVrを配置している教育委員会が一般的であり，自らの事業体制や組織体制の問題点を改善することを意図に，自発的な相談としてのコンサルテーションを依頼することは稀である。

　　以上から，本研究では，異なる専門職である教育委員会担当者に対して支援する機能であっても，制度上または職務上の配置に基づく日常的・継続的なSVとし

ての位置付けを前提とする。また，教員資格を有するSSWerに対する支援も，SSW専門職として採用されていることを前提に，コンサルテーションではなくSVと判断する。

4) 倫理と価値，資格，アセスメント，介入，意思決定と実践評価，記録の管理，仕事量の管理，専門性の開発，文化的適応，多職種に関わる学際的リーダーシップと連携，権利擁護の11項目が示されている。

5) SSWerの選考において，以下の職務内容が示されている（文部科学省 2013）。①問題を抱える児童生徒が置かれた環境への働き掛け，②関係機関等とのネットワークの構築，連携・調整，③学校内におけるチーム体制の構築，支援，④保護者，教職員等に対する支援・相談・情報提供，⑤教職員等への研修活動。

6) SSWerの職務内容として，(1) 不登校，いじめや暴力行為等問題行動，貧困，虐待等課題を抱える児童生徒と児童生徒が置かれた環境への働き掛け（個人＝ミクロへのアプローチ），(2) 学校内におけるチーム支援体制の構築，支援（学校組織＝メゾへのアプローチ），複数の視点で検討できるケース会議とするための事前調整やケースのアセスメント（見立て）及び，課題解決のプランニング（手立て）への支援，(3) 関係機関とのネットワークの構築，連携・調整（自治体の体制＝マクロへのアプローチ），(4) 不登校，いじめや暴力行為等問題行動，子供の貧困，虐待等を学校として認知した場合，自然災害，突発的な事件・事故が発生した際の援助，が示されている（文部科学省 2017b）。

7) メゾ・マクロ実践とは，コミュニティ，組織，政府・施策，国際組織，世界への働きかけを主軸とする実践機能と位置付けられ，その場と環境における変化，介入，問題解決，社会変革などを促し，社会問題に有効な変化をもたらす取り組みである（大島 2016：7）。第2章においても言及するが，それは，ミクロレベルで積み上げた実践を，制度・施策，政策へと反映させる架け橋となる可能性を有している（大島 2016：4-5）。

第2章

調査デザイン

　本章では，第1章で述べた研究目的を受け，調査方法と調査プロセスについて説明する。まず，参加型評価を試行的に活用しているSVrに調査対象者を選定した理由について説明する。また，質的研究法として本研究に採用したM-GTAの特性とその採用理由について述べる（第1節）。次に，観察調査とインタビュー調査の概要として，調査協力者の属性やデータ収集方法，倫理的配慮について説明する。また，調査手順とM-GTAによる分析手順，分析の質の確保の順に説明する（第2節）。

第1節　調査方法

1. 調査対象者の選定

（1）調査対象者の概要

　前章では，SSW実践が機能する事業体制へと変革していくためにはSVが有効であり，そのためには一般的なSVとは異なるエンパワメント理論に依拠する必要性があること，現時点では参加型評価がエンパワメントアプローチに最も親和性が高い実践的方法論であることを説明してきた。そこから，本研究の目的を，SSWerをエンパワメントし事業体制を変革するSVプロセスを明らかにすることから，事業体制を変革するSV実践モデルを生成することとした。そこで，本研究の調査対象者を，SSWにおいて参加型評価を試行的にSVに活用しているSVrとした。以下に，参加型評価を活用したSVの概要を説明してから，その選定理由について述べる。

参加型評価の評価方法について学んでいるSVrが，教育委員会担当者やSS-Werを巻き込み，活用事業に関する評価を協働で実施する取り組みを，SVとして試行してきている。具体的には，次のような参加型評価を活用したSVが報告され始めている（スクールソーシャルワーク評価支援研究所 2016）。参加型評価を活用した実践省察による成果を可視化することをSVrが促し，事業運営とSSW実践の改善を協議できるように働きかけている例，SSWerの担い手を育成するための研修で参加型評価を活用している例，事例検討におけるSVのなかで参加型評価を活用している例，自主研修会を組織してそのSVに活用している事例などである。

以上のように，SSW領域において，自治体における活用事業の現状と課題をSVrが的確に把握し，それぞれの状況と文脈に柔軟に合わせて参加型評価をSVに活用する試みが始められている。

(2) 調査対象者の選定理由

上記のような参加型評価を試行的にSVに活用しているSVrに着目することが，本研究の目的を明らかにする上で最も適していると考えた理由は，以下の通りである。

第1に，事業体制の矛盾や未整備をシステムの問題として捉え，その改善と変革を目的に，教育委員会とSSWer，SVrとが協働して評価研究と実践を行っているためである。具体的には，「スクールソーシャルワーク事業プログラム」（以下，SSW事業プログラム[1]）の開発・改善・実施・普及を参加型評価の手法に基づいて行い，その取り組みのなかで事業体制を改善するためのSVを試行しているのである。

例えば，継続的に実施されている実践家参画型意見交換会[2]において，調査データや仮設プログラムに対し，参加者の自由な「対話」と「合意形成」を通してプログラムを見直す取り組みを行っている。このように，効果的プログラム[3]を開発し，改善評価して，その実施と普及を進める研究と実践は，メゾ・マクロ実践としての実践家参画型評価とも言われている（大島 2015a：290-291）。

それは，ミクロレベルで積み上げた実践を，メゾ・マクロ実践，さらには制度・施策，政策へと反映させる架け橋となる可能性を有している（大島 2016：4-5）。このような実践的方法論としての取り組みを実践現場に導入することで，実践現場がより効果的な実践を目指して日常的に創意・工夫を交換する「学習する組織」へとエンパワメントすることが期待されている（大島 2016：13）。

　実際に，プログラムの実施・普及に向けた参加型評価による意見交換会を重ねるなかで，参加者の意見が収斂され，5つのバージョンからなるファシリテーションの構造化という，新たな価値が創出されている（大友ほか 2015）。このようなエンパワメントを目指す参加型評価の手法を取り入れている研究と実践に着目することから，SSWerをエンパワメントし事業体制を変革するSVプロセスを明らかにすることができるのではないかと考える。

　第2に，SSW領域において，SVrが教育委員会やSSWerと協働して参加型評価に基づく研究と実践を行っているのは，現在，この対象者のみであるためである。藤島（2014：117-118）によると，国内における参加型評価の適用事例は非常に少なく，参加型評価研究は始められたばかりの段階とされている。そのようななかでも，認知症高齢者と家族のエンパワメントを目的とした地域ケアプログラム研究（野村 2009）や，地域活動支援センターの障害者支援の評価事例（藤島 2016），小学校の教員を対象とした学校評価事例（池田 2016），自治体提供サービス「健康大学しながわ」における行政と住民の協働評価に関する研究（源 2011），豊岡市における政策評価事例（真野 2016），国際協力分野での評価プロセス研究（田中 2011）などが報告されている。しかし，実践家などのスタッフを対象とする参加型評価の手法を用いたエンパワメント事例は少なく，SSW領域においては，SSW事業プログラム研究のみが実施されている状況である。

　第3に，先行研究では示されなかった，教育委員会による活用事業の管理運営面にも働きかけるSVが試行されているためである。前節で確認したように，馬場（2017）によるSSWの実践指針として「実践スタンダード」や文部科学省（2013）の「スクールソーシャルワーカー活用事業実施要領」，文部科学省

(2017b) によるガイドライン (試案), 門田ら (2016) によるSVプログラム, Kellyら (2012) の「家庭と学校のパートナーシッププログラム」は, SSWer に対する実践の方向性を示す指針と, 教育的SVとが中心的な内容であった。これらと比較して, 参加型評価を試行的に活用したSVは, SSWerへの実践支援のみならず, 教育委員会による活用事業の管理運営面にも対応している独自性を持つ。つまり, 他領域である学校をフィールドに, 子ども家庭を援助することと学校の応答性を高めることの「二重の機能」を持つSSWerを支援すると同時に, 事業体制をデザインする教育委員会担当者にもアプローチする手法を取り入れているのである。

　以上のように, 参加型評価を活用したSVは, SSWerへの教育的・支持的SVと同時に, 事業の管理運営者側に対しても変革的役割を発揮する可能性を有した実践的方法論として位置付けることができる。このような理由から, メゾ・マクロ実践としての参加型評価の手法を取り入れたSVを調査することによって, SVrによるSSWerへのエンパワメントプロセスや, 事業を協働体制に変革するSVrのアプローチを明らかにすることが可能になるものと考える。以上のように, 参加型評価を試行的に活用しているSVrに着目することが, 本研究目的を探究する上で最も適切であると考え, 調査対象者として選定した。

(3) 評価ファシリテーターとの関連性

　一方, 上記の調査対象者は, 自治体におけるSVrとしての役割と同時に, 参加型評価における評価ファシリテーターとしての役割も担っている場合もある。評価ファシリテーターとは, 実践現場において評価が適切に実施されるよう支援するとともに, 評価結果をコンサルテーションの手段として活用して, 関与する実践プログラムがより効果的になるよう, 評価担当者等と共にその改善・形成, 実施・普及を促進する人材である (大島 2015b：11)。

　また, その役割には, ①評価ワークショップを適切に運営, 促進する役割, ②プログラム評価に関し基礎的な情報を提供し, プログラム評価の意義や考え方の理解を促すトレーナーの役割, ③評価ワークショップや社会調査の結果を

ベースに，プログラム理論の理論性や指標を精査する役割などがある（源 2015：38-39）。

　そのため，調査対象者には，SSW事業プログラム研究会が2016年に開発した評価ファシリテーションの手引き（山野ほか 2016a）を基に，主にプログラムの実施・普及のための評価ワークショップを実施する役割も担っている者もいる。ただし，本調査段階では，評価ファシリテーターについて検討を始めた初期段階であり，その多岐にわたる役割の明確化については，まだ開発途上であった（大友ほか 2015；山野ほか 2016b；大友 2017）。したがって，本研究では，評価ファシリテーターとSVrの役割における関連性に留意しつつも，本調査や分析における主要なテーマとしては扱わないものとする。

2. 分析方法の採用理由

　以上の理由から，参加型評価をSVに活用し，事業体制の改善を試みているSVr（リーダー的SSWerを一部含む）に対して参与観察調査を行い，事業体制の改善に向けたSVrの役割や，参加型評価のSVでの活用方法を中心にデータを収集した。次に，インタビュー調査を実施し，事業体制の改善を目指すSVrの視点や，参加型評価のSVでの活用プロセスなどを半構造化面接によって収集した。

　これらによって得られたデータを木下が考案したM-GTAによって分析している（木下 1999；2007；2009）。本研究においてM-GTAを採用した理由は，M-GTAの有する特性と関係するため，まず，以下にその基本特性と独自の特性について概観する。

　M-GTAは，Glaser and Straussが考案したオリジナル版GTA（Glaser and Strauss 1967＝1996）と基本文献（Glaser 1978；Strauss 1987）から，以下の基本特性4点を継承している（木下 2007：28-121）。第1に，理論生成への志向性である。単に質的データの分析をする方法としてではなく，その分析結果に対してグラウンデッド・セオリーを生成することを明確化していることである。グ

ラウンデッド・セオリーとは，データに密着した分析から独自の概念を創り，それらによって統合的に構成された説明図である。第2に，グラウンデッド・オン・データ（grounded-on-data）の原則に立っていることである。これはデータに基づいた分析であり，データとの関係は「データから（from data）」と「データに向かって（toward data）」の2方向に相互関連させて分析する方法である。「データから」の方向性を特徴とするオープン化から「データに向かって」確認作業をする収束化に向かい，これ以上データを分析しても新しい概念や解釈が出てこない状態である理論的飽和化に至ることができる。第3に，経験的実証性（データ化と感覚的理解）である。現実を理解するためにデータ化を行うことと，その人間による感覚的な理解の重要性を強調するものである。第4に，応用が検証の立場（結果の実践への還元）である。分析結果としてのグラウンデッド・セオリーの実践的活用を重視し，その実践的活用プロセスが結果としてのグラウンデッド・セオリーの検証になるという立場である。

　上記の4点を継承し，さらにM-GTAではオリジナル版における課題点の克服のため，以下の3点をその独自の特性としている（木下 2007：28-121）。第1に，コーディング方法の明確化（分析プロセスの明示）である。次節において示すが，M-GTAに特徴的な研究テーマや分析テーマ，分析焦点者，概念生成のための分析ワークシート，理論的メモなどを活用することによって，分析プロセスが他者とも共有できるように修正されている。第2に，意味の深い解釈である。分析プロセスとして単に分析手順だけを明確にしているのではなく，その分析プロセスに意味の深い解釈を組み込んでいる。データを断片化してラベル化をすることから始めるのではなく，データが有している文脈性を重視し，意味の深い解釈を試みるために，「研究する人間」という視点を導入している。それは，誰が，何のために，なぜ，その研究をするのかという問いを曖昧にせず，社会的，現実的背景を含めて明確化することである。第3に，独自の認識論（インターラクティブ性）である。それは，データの本質的特性としての不完全性と調査者の関心の反映性を認め，それによる限界や影響を積極的に明示化することである。データ収集，データ分析，分析結果の応用の全プロセスを

通じて相互影響性があり，その中心に価値観や問題関心を持つ「研究する人間」が位置付けられている。

このような特性を有したM-GTAに適した研究として，以下の特徴が挙げられている（木下 2007：66-68）。第1に，実践的な領域で，健康問題や生活問題を抱えた人々に専門的に援助を提供するヒューマン・サービス領域が最適とされている。第2に，ヒューマン・サービス領域で，特に対人援助の形を取る場合には，サービスが行為として提供され，利用者も行為で応える社会的相互作用のある場合である。第3に，現実に問題となっている現象で，研究結果がその解決や改善に向けて実践的に活用されることが期待されている場合である。第4に，M-GTAは，特に人間を対象に，ある動きを説明する理論を生成する方法のため，研究対象がプロセス特性を持っている場合である。

以上の特性から，本研究では以下の理由によりM-GTAを研究方法として採用した。まず，第1に，本研究は，SSWという対人援助領域での社会的相互作用のあるSVにおいて，まだ可視化されていない事業体制を変革するSV実践モデルを生成することを目的としているためである。また，SSW実践が進展しにくいという現実的問題に対して，生成されたグラウンデッド・セオリーであるSV実践モデルは，その解決のために実践的に活用することが期待できると捉えたためである。第2に，参加型評価を活用したSVは，継続的なプロセス性を有しているためである。第3に，コーディング方法が明確化させているため，分析テーマの設定や分析方法，プロセスが理解しやすく，意味の深い解釈が可能となるためである。以上の理由から，M-GTAを採用することが本研究には最も適していると判断した。

なお，M-GTAで生成するグラウンデッド・セオリーは，社会的相互作用に関係し，人間行動の説明と予測に関わり，同時に，研究者によってその意義が明確に認識されている研究テーマによって限定された範囲内における説明力に優れた理論である（木下 2007：69）。M-GTAでは，こうした限定化は消極的意味ではなく積極的に位置付けられており，限定した範囲内において緻密で徹底した解釈を行うことが可能となっている。したがって，本研究では，参加型評

価をSVに活用しているSVrに調査対象者を限定することにより，生成された
グラウンデッド・セオリーであるSV実践モデルの適用は，参加型評価をSV
に活用し事業体制の変革を目指すSVrのためのガイドラインとなることを第一
に想定した。

　しかし，本研究がその限定した範囲内でしか説明力を持たないということで
はない（木下 2007：83）。なぜなら，第4章においてSVツールの作成を目指す
ことにより，本研究において生成したSV実践モデルが，SW領域全般におい
て，エンパワメントと事業や組織変革を促進するSVとして広く有効となるよ
う試みるからである。

3. インターラクティブ性と筆者の位置

　先述した通り，M-GTAは，インターラクティブ性を重視し，分析の全プロ
セスにおいて研究者と調査協力者との相互作用性を積極的に認める立場を取る。
そこで，インターラクティブ性との関連における筆者自身の立場を明確にする。
　第1に，データ収集におけるインターラクティブ性であるが，筆者も調査協
力者と同じくSSWにおけるSVrという職務を有し，SSW事業プログラムに対
する参加型評価研究にも携わっている立場である。このことは，語り手である
調査協力者と聴き手である筆者との相互関係が豊かになる要素と考えられる。
そして，互いに同じ喫緊の課題に向き合っているという，その社会的関係が共
同生成的な関係を構築し，一回性の両者による生きたやり取りの実践をより促
進する立場（木下 2007：95）として捉えられる。
　第2に，データ分析におけるインターラクティブ性においては，SSWにおけ
るSVの分析者としての筆者と，データとの関係に切り替わる。共同生成的性
格であるデータに対して，それを否定せず積極的に活かすこともせず，あくま
で分析者の立場として思考の言語化，自明的知識の意識化の徹底（木下 2007：
95）に留意した。
　第3に，分析結果の応用におけるインターラクティブ性では，事業体制の変

革を目指し試行錯誤しているSVrが，その実践現場において適用可能な実践モデルとなるように，分かりやすい概念の命名や記述に心がけた。SVrという実践家の立場に立ち，実践現場での応用を想定的，予測的に考え，実際にSVでの応用者が研究内容に関心とリアリティ感を持てる分析結果（木下 2007：98）となるよう努めた。

これらの位置付けによって，理論的な意味を感覚的に理解する，という2つの要素を統合するオリジナルな解釈を生み出す，「研究する人間」としての分析（木下 2007：46）が可能となると考える。

第2節　調査プロセス

1．調査協力者の属性とデータ収集の方法

次に，調査協力者の属性や調査プロセスの詳細について説明する。前節で述べた通り，本研究における調査対象者は，参加型評価をSVに活用し，事業体制の改善を試みているSVr（リーダー的SSWerを一部含む）とした。[4]

調査協力を得たのは，参与観察調査3名，インタビュー調査8名である。そのうち，1名が重複しており，実人数は10名である（図2-1）。

参与観察調査は，2014年10月〜2015年11月まで，5自治体（V〜Zとする）

図2-1　調査協力者の内訳

におけるSSW事業プログラムに対する参加型評価を活用した研修場面を合計12回, 総時間数約30時間にわたって行った。SVrの発言や行動, 参加者との相互作用, 参加者の発言や行動などをフィールドノートに記載した（合計12回のデータをFNV1〜3, FNW1〜2, FNX1〜5, FNY1, FNZ1とする）。

インタビュー調査は, 8名（A〜H氏とする）に対し, 2015年6月〜2017年2月に実施し, 総時間数は約12時間であった。全ての音声データを逐語録として文字化した。

調査協力者の10名の属性は, 以下の通りである。職務形態では, 教育委員会に所属するSVrが4名, SVrとして委託された大学研究者が4名（そのうち, 参与観察調査協力者のみの大学研究者が2名）, 教育委員会に所属するリーダー的SSWerが2名であった。SVrとしての経験年数は, 7年〜9年が3名, 3年〜5年が3名, 1年が2名であった。SWerの職歴があるのは6名で, その経験年数は, 15年〜20年が3名, 5年〜10年が3名であった。SSWerの職歴があるのは7名で, その経験年数は, 5年〜10年が4名, 2年〜4年が3名であった。SSW事業プログラム研究に携わった年数は, 8年が1名, 5年〜6年が3名, 3年〜4年が5名, 1年が1名であった。そのうち, SSW事業プログラム研究において中心的な役割を担っている者が7名であった。

2. 倫理的配慮

大阪府立大学人間社会学研究科社会福祉学専攻内研究倫理委員会の承認を得ている（2015年1月29日）。調査実施に当たり, 研究の趣旨を伝え, 調査への協力は任意であり, 途中で辞退も可能であること, その際に何の不利益もないことを説明した。また, 調査から得られた個人情報は特定できないように匿名化し, 研究以外の目的には使用しないことなどのプライバシーの保護についての配慮を説明し, 同意を得ている。また, 録音されたデータは個人情報の厳密な管理を行い, 個人の資質や能力等に言及するものではないこと, 研究成果として外部に公表する場合は, 施設名や個人名等は匿名化し, 特定できないように

配慮を行うことを説明し，同意を得て，データ収集を行っている。

3. 調査と分析のプロセス

(1) 調査手順

　まず，参与観察調査によって，参加型評価を研修場面で活用するSVrが，どのような言動をし，いかなる役割を発揮しているか，どのような活用方法によってSSWerのエンパワメントや専門性の向上，活用事業の進展に働きかけているのかを中心に，フィールドノートとしてデータを収集した。これらは，インタビュー調査前のパイロットスタディ的な位置付けともなり，実際的で動きのある場面を観察することにより，研究の視点やテーマ，意義に関して熟考する機会ともなった。なぜSVrはそのような言動を取ったのか，SVrはどのような創意工夫を試みているのか，今後どのような方向性を目指そうとしているのか，などの思考を理論的メモ・ノート[5]に記載した。これは，次のインタビュー調査以降も継続している。こうして「研究する人間」としての視点や思考，言語化を鍛え，その後のインタビュー調査において中心となる問いを吟味していった。

　次に，インタビュー調査によって，SSW事業プログラムに対する参加型評価をSVに活用することで，SVrが所属する自治体における活用事業の改善に働きかける視点とプロセスを明らかにするよう，半構造化面接を実施した。その際，インタビュー・ガイドを提示している（巻末資料3）。主な質問は，①SSW事業プログラムをSVに活用しようとした経緯，SSW事業プログラム研究に関わった経緯や意図など，②SSW事業プログラムをSVに活用し始めたとき，苦労したことや工夫したたこと，SSW事業プログラム研究に携わった経験で役立ったことなど，③SSW事業プログラムのSV活用が進むために工夫していること，活用事業が進展するためにどのような動きをしていたかなど，の3点に集約した。これら以外にも，自治体の活用事業が進展するために，誰に対して，何をどのように考え，判断し，動いてきたか，実際の行動と個人の思

い，工夫していることに関して，自由に語ってもらえるよう留意した。

(2) 分析手順

　以上の調査から得られたデータのなかから，特に多様な語りが含まれるディテール豊富な3名のデータを選定し，M-GTAによる分析を開始した。まず，1人目のデータを熟読しながら，SVrの視点や意図，動きの特徴的な部分に着目し，その意味や目的，行動の理由などについて検討した。そして，その内容をデータの欄外にメモ的に記載した。1人目に対してこのような検討を何度も繰り返し，徐々に着目部分が特定，洗練されてきたと判断できてから，分析テーマ[6]と分析焦点者[7]を設定した。

　分析テーマは，「参加型評価を活用したSVプロセスでは，どのようなエンパワメントが実践され，それがいかに協働を形成し，組織変革につながっているのか」とした。分析焦点者は，「参加型評価をSVに活用し，協働体制をつくり出そうとしているSVr」とした。分析焦点者の相互作用相手は，SSWerと教育委員会担当者である。

　次に，分析ワークシート[8]を立ち上げて，分析テーマと分析焦点者に照らして着目した部分を，具体例の欄に転記した。そして，その部分のデータに関する意味を定義欄に記入し，短い言葉に凝縮したものを概念名欄に記入して，解釈の際に検討した内容やアイデア，疑問を理論的メモ欄に記入していった（巻末資料4）。そして，1人目で生成した概念定義と照らして，類似例と対極例の可能性を残りの2名のデータに対して検討した（理論的サンプリング[9]）。必要に応じて再定義，再命名，具体例の仕分けを行い，新たな具体例が見つかった場合は，新たに概念を生成した。類似例と対極例の比較検討と同時に，概念と概念，複数の概念間関係であるカテゴリーと個別概念，カテゴリー相互関係など，抽象度の異なるレベルの比較を多重的同時並行で進めた（継続的比較分析[10]）。その際，いくつかの概念やサブ・カテゴリーのうち，プロセスの中心となり全体をまとめる重要な“うごき”を捉えているものを，コア・カテゴリーとして設定した（木下 2007：210-211）[11]。

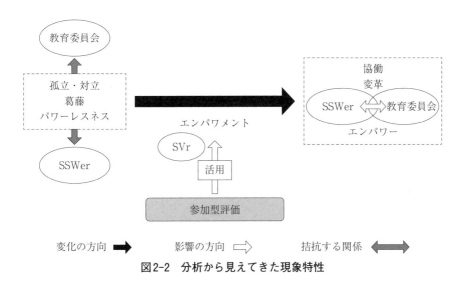

図2-2　分析から見えてきた現象特性

　木下 (2007：49-51) を参考に，上記のように，この3名による分析によって一定程度の概念生成を完了させた。そして，観察調査で得られたデータも含め，残り5名のデータに対して継続的比較分析を続けた。その結果，新たな4つの概念が生成された以外には，新しい概念や解釈が見つからない状態となったことから，理論的飽和化に至ったと判断した（巻末資料5）。以上の分析によって浮かび上がってきた現象特性は，「SVrが孤立するSSWerへのエンパワメントを始め，協働し合う事業体制を構築しようとする動き」である（図2-2）。

(3) 分析の質の確保

　M-GTAの分析にあたっては，複数の指導者から助言と指導を得た。研究構想や研究テーマをはじめ，分析テーマ，分析焦点者，概念生成，概念間の比較，グラウンデッド・セオリーの質に至るまでの全体を通して，M-GTAによる理論構築が豊富にある指導教官から指導を受けた。特に，継続的比較分析からグラウンデッド・セオリーの生成に関する分析では，合計約73時間の指導を受けた。

また，西日本M-GTA研究会において報告を行い，その指導者と参加者から助言・指導を2回受けた。さらに，2016年8月に開催されたM-GTA研究会第4回合同研究会にて，2日間，報告を行い，その指導者と参加者から助言・指導を得ている。

　なお，本研究の一部は，日本ソーシャルワーク学会第32回大会および，日本学校ソーシャルワーク学会第12回全国大会にて査読を受け，口頭発表を行っている（大友ほか 2015；大友 2017）。

注

1) SSW事業プログラムが，以下の評価研究によって開発されている（山野ほか2015）。まず，活用事業が開始される以前から先進的に実践してきた6自治体の教育委員会担当者とSSWer15名，家庭児童相談員2名の計24名に対してインタビュー調査を重ねて仮モデルを作成している（中里ほか 2014）。その後，全国質問紙調査を行い（山野ほか 2014a），そのデータ分析結果を用いて，全国各地から集まった実践家と意見交換を行い，修正モデルが作成された。その修正モデルを実際に活用し，その効果を検証する実践家参画型意見交換会を継続して，最終モデルが開発されている（山野ほか 2014b）。このようなSSW事業プログラムは，教育委員会による事業の管理運営と，SSWerによる実践の両方が効果的に展開されるために必要な指針で構成されたプログラムでとなっている。つまり，教育委員会担当者は，効果的な事業運営のための参照枠となる組織計画を利用し，そこにプロセスとして示された効果的援助要素を事業の運営管理の指針として用いることができる（巻末資料1）。同じく，SSWerは，効果的なSSW実践のための参照枠となるサービス利用計画を利用し，そこにプロセスして示された効果的援助要素を自身の実践指針として活用することができるものとなっている（巻末資料2）。
2) 評価ワークショップとも呼ばれ，プログラムに関係する多様な主体が参加し，評価を共に行い，活動や戦略の見直しに有効な評価情報を抽出する，参加型評価における意見交換会のことである（源 2015：38）。
3) プログラムの構成要素は，効果モデルの設計図にあたる組織計画およびサービス利用計画であるプロセス項目と，期待される効果を示すインパクト項目が土台となる。さらに，効果モデルの骨格を形づくる効果的援助要素，効果モデルを実践現場に適用するための実施マニュアル，効果的援助要素が適切に実施されているかどうかをチェックし，モニタリングするためのフィデリティ尺度，プログラム・ゴールとその実現を把握するためのアウトカム評価指標・尺度などがある（大島ほか 2012）。このうち，効果的の援助要素とは，プログラムを構成するプロセス項目に

おいて，よりよい効果をもたらす上で重要となる具体的実施項目を指す（山野ほか2015：168）。例えば，SSWerが参照するサービス利用計画で示されている「学校や地域に潜在するニーズの発見」は，「校内の主要な支援者と話すことで，子ども・保護者へのニーズを把握する」，「管理職・教員の何気ない言葉から子どもの異変や教員の抱え込みを発見する」などの効果的援助要素で構成される（巻末資料1および2）。

4) SSW事業プログラムに対する参加型評価を，活用事業における計画策定や実践指針，研修，SVなどに活用している自治体数は，2017年度で都道府県7自治体，区市町村12自治体で，関与しているSVrは16人，SSWerは343人となっている（スクールソーシャルワーク評価支援研究所 2018）。2016年時点の全国SSWer配置人数1,779人と比較すると，19.3％の割合となる。近年は，活用事業を新規に開始する自治体を中心に活用する自治体が増えている。

5) 理論的メモ・ノートとは，分析ワークシートとは別に，解釈上のアイデアや着想などを記録したノートである（木下 2007：118）。

6) 分析テーマとは，得られたデータに密着した分析となるようデータの範囲を限定し，最終的にその分析で何を明らかにしていくのか，大きな方向性を設定したものである（木下 2007：143-146）。

7) 分析焦点者の設定とは，特定の人間に焦点を設定するものである。概念を生成する際は，その人間の行為や認識，それらに影響を与える背景要因などに照らして解釈，命名する。これにより，生成する概念がほぼ一定水準になり，他の人が研究結果を理解しやすく，特定の人間の行為や認識にポイントを置くため実践活用につながりやすい（木下 2007：155）。

8) M-GTAでは，データの深い解釈を実行し，データにグラウンデッドな概念を生成して，多角的に比較の思考方法を活用しながらデータの意味を検討するために，分析ワークシートを使用する（木下 2007：186）。

9) 理論的サンプリングとは，検討した解釈に照らして目的的に「データに向かう」流れをいう（木下 2007：51）。

10) 抽象度の異なるレベルを，「データから」と「データに向かって」の2方向に相互関連させて比較分析し，これ以上データとの関連を見ても重要な新しい概念や解釈が出てこない状態（理論的飽和化）まで継続して分析することである（木下 2007：49-51）。

11) コア・カテゴリーとは，分析テーマとの関連で重要な"うごき"，何らかの変化のプロセスを説明するものである。1つあるいは複数ある場合，1つの概念がそのままコア・カテゴリーとなる場合など様々である（木下 2007：188）。

12) 現象特性とは，研究対象から具体的内容を抜き取った後に見られる"うごき"としての特性であり，分析結果全体の"うごき"の特性を着想しやすくするものである（木下 2007：217）。

第3章
分析結果と考察

　本研究は，SSWerをエンパワメントし事業体制を変革するSVプロセスを明らかにすることから，SV実践モデルを生成することを目的とするものである。本章では，参加型評価を試行的に活用しているSVrに着目し，調査から得られたデータをM-GTAにより分析した。そのため，まず，全体のストーリーラインを示す（第1節）。次に，パワーレス要因への着目をするSV（Ⅰ期，第2節），対話を通した協働の産出をするSV（Ⅱ期，第3節），SSW体制の構造的変革をするSV（Ⅲ期，第4節）の順に，分析結果と考察を述べる。

　なお，コア・カテゴリーは太字に【　　】，サブ・カテゴリーは太字に〈　　〉，概念は太字に『　　』で示す。概念名の定義に当たる部分は‘　’で示す。調査協力者の語りは，冒頭に調査協力者A～H氏の記号と逐語録データの該当頁番号を太字で（A1）のように，観察調査におけるフィールドノートV～Zによるデータの該当番号を太字で（FNV1）のように記載する。続いて，語りの内容を「　」で示す。語りのなかでの話し言葉と推測されるものは“　”で示す。また，調査協力者による話し言葉を理解しやすくするために，文脈を壊さない程度に修正し，補足説明が必要な場合は（　）で追記説明をしている。

第1節　全体のストーリーライン

　分析テーマに基づいて明らかにした，SSWerをエンパワメントし事業体制を変革するSVプロセスにおける，コア・カテゴリーによる全体のストーリーライン（図3-1）は，以下ように大きく3期で成り立つ。SSWにおけるSVrは，

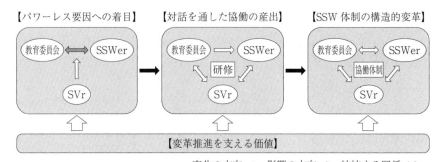

図3-1 コア・カテゴリーによる全体のストーリーライン

SSWerが孤立し無力化にある要因が,事業方針を巡って教育委員会と葛藤・対立するなどのSSW特有の困難特性にあることを【パワーレス要因への着目】から見出し,教育委員会担当者とSSWerが課題を共有できるようSVを行う（Ⅰ期）。そして,研修の開発を通して教育委員会担当者とSSWer双方に対し【対話を通した協働の産出】をするエンパワメントを重ね（Ⅱ期),さらに【SSW体制の構造的変革】に向けたSVを行った結果（Ⅲ期),対等な関係性で協働し合う事業体制に変革される。これらの全プロセスに対して,自治体全体を俯瞰し,エンパワメントの視点を持ち続ける【変革推進を支える価値】が,SVrを支える基盤となる（全期）。なお,SV実践モデルである分析結果全体図（図3-2）とカテゴリー・概念一覧（表3-1）も記載した。

第3章 分析結果と考察　61

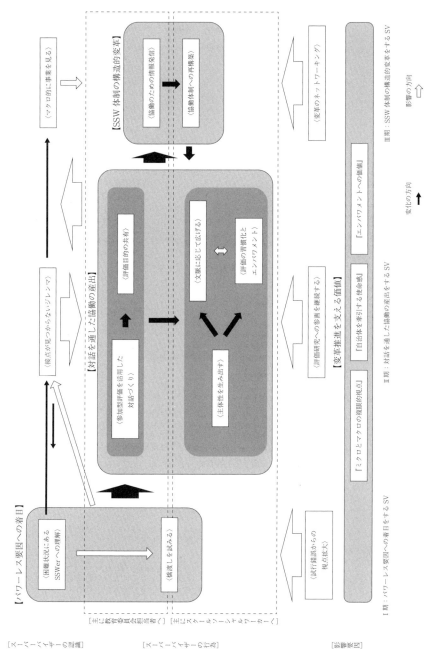

図3-2　事業体制を変革するSV実践モデル（分析結果全体図）

表3-1　カテゴリー・概念一覧

期	コア・カテゴリー	サブ・カテゴリー	概　念
I期	【パワーレス要因への着目】	〈困難状況にあるSSWerへの理解〉	『無力化にあるSSWの発見』
			『活用困難な構造の見立て』
			『事業構造の見立て不足』
			『SSW特性の再認識』
		〈橋渡しを試みる〉	『動機付けを顕在化させる』
			『SSWerとしての動きを示す』
			『互いに立ち止まらせる』
		〈試行錯誤からの視点拡大〉	『互いの強みに気づく経験』
			『参加型評価に行き着く』
全期	【変革推進を支える価値】		『ミクロとマクロの複眼的視点』
			『自治体を牽引する使命感』
			『エンパワメントへの価値』
II期	【対話を通した協働の産出】	〈接点が見つからないジレンマ〉	『行政の硬直な壁』
			『育成が進まない危機感』
			『研修を糸口に協働を探る』
		〈参加型評価を活用した対話づくり〉	『参加型評価への巻き込み』
			『強みを交差させる試み』
			『抵抗感を生む』
		〈評価目的の共有〉	『評価に対する反応を確かめる』
			『目的に戻る』
			『評価が迷走する』
		〈主体性を生み出す〉	『自身と事業のために評価を促す』
			『セルフヘルプの組織化』
		〈文脈に応じて広げる〉	『初任者の立場に立つ』
			『メゾ・マクロ実践への焦点化』
			『対話を通した事例検討』
		〈評価の習慣化とエンパワメント〉	『認知される言葉に置き換える』
			『対等に学習し合う』
			『SSWの強さを信じる』
			『SV形態による限界』
		〈評価研究への参画を継続する〉	『熟考し議論を続ける』
			『評価ワークショップによる見通し』
			『評価が腑に落ちない』
III期	【SSW体制の構造的変革】	〈マクロ的に事業を見る〉	『評価への有効的感触』
			『事業変革への意志』
		〈協働のための情報発信〉	『共通の課題を明示する』
			『事業評価へのアプローチ』
			『事業評価の障壁』
		〈協働体制への再構築〉	『アセスメントに基づく協働促進』
			『SV体制の再構築』
			『雇用環境への働きかけ』
			『成果を代弁する』
		〈変革のネットワーキング〉	『全国レベルでの共有』
			『近隣自治体との連携』

第2節　Ⅰ期：パワーレス要因への着目をするSV

　本節では，SSWerをエンパワメントし事業体制を変革するSVプロセスの前期にあたる，パワーレス要因への着目をするSV（図3-3）の分析結果と考察を述べる。この時期では，まず，SVrは，SSW実践の持つ困難特性を認識し，活用事業の管理運営主体である教育委員会担当者の解決に対する動機付けを強めることから，SVを始めている。そして，活用事業の方向性を教育委員会担当者とSSWerが共有できるように橋渡しをしている。また，全プロセスを通じて，自治体全体を俯瞰し，エンパワメント志向の価値がSVrを支える影響要因となっている。

　分析結果の記述方法は，はじめに概念の定義を説明し，語りのデータを示してから考察を加えている。

1.【パワーレス要因への着目】

　教育委員会に配属となったSVrは，SSW実践の持つ困難特性を認識し，事業全体を見立てる〈困難状況にあるSSWerへの理解〉をまず始める。そして，教育委員会担当者の解決に対する動機を強め，事業の方向性を教育委員会担当者とSSWerが共有できるよう〈橋渡しを試みる〉。以上が【パワーレス要因への着目】である。

(1)〈困難状況にあるSSWerへの理解〉（SVrの認識）図3-3のA

　教育委員会に配属となったSVrは，SSWerが孤立し，自身の経験のみを頼りにせざるを得ない『無力化にあるSSWerの発見』をする。また，SVrは，教育委員会担当者にとって，事業方針を定めることがそもそも困難な制度構造であるという『活用困難な構造の見立て』の視点を持つ。以上から，SSWには学校現場において専門性が発揮しづらい困難特性があり，その実践を機能さ

せる事業の管理運営は容易ではないという『SSW特性の再認識』に至る。

　一方，事業全体を俯瞰して『活用困難な構造の見立て』をSVrが意識化していない場合は，『事業構造の見立て不足』となってしまう。

　『無力化にあるSSWerの発見』とは，'SSWerが孤立し，活用事業や学校の特質を把握できず，自身の経験のみを頼りに，まとまりなく実践してしまう無力化の状態に置かれていることを，SVrがアセスメントすること'である。

(F21)「全て丸投げされるので，自分の分かっている範囲だけ動く。もちろん学校にも広まっていかない」

(E11)「SSWerが自分の思うSSWを，学校がどう考えるのかを全く顧みないでやってしまった。で，そこで何が起こったかっていうと，学校から"もう来なくていい"って。SSWerが動くと問題が起こるから"動くな"って（教育委員会担当者が）言ったんですよね。すごいビックリしましたね。3人SSWerがいて，1人は教育職の退職校長だったんですね。校長職なので学校に対して指導しちゃうので，学校から"来ないで"って。福祉職のSSWerも，好き勝手やってしまって学校出入り禁止になってしまった」

(C1)「(SSWerが) みんな，いろんなことを，こうしたらいいと言う人もあれば，それはどういうことと聞く人もあれば。(あるSSWerに対するほかのSSWerからの) その質問は何をもって質問しているのか，この言葉は何？　と全然分からなくって。みんなの頭にあることが，きっとバラバラの状態で言っていて。結局，事例を出した人は責められた，出来ていなくて責められたと思って帰る訳ですよ」

　様々な経歴を背景に持つSSWerには，過去の自身の経験に自負を持ち，数々の困難事例を乗り越えてきた経験を有する者が少なくないと思われる。そのような経験をSSW領域でも活かしたいと意気込んで参入してくる場合が少なく

第3章 分析結果と考察　65

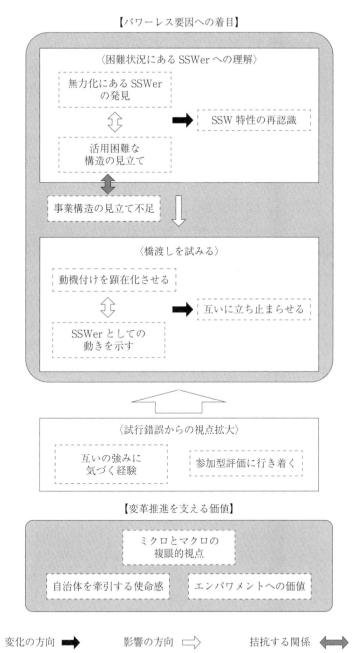

図3-3　I期：パワーレス要因への着目をするSV

ないであろう。そのため，過去の経験の延長線上からSSW実践を見通し，これまでに効果的だった方法を再現しようと試みる。しかし，E11の語りに「SSWerが自分の思うSSWを，学校がどう考えるのかを全く顧みないでやってしまった」とあるように，教育委員会の事業方針や，学校組織の実態や特性，ニーズを把握できないまま，SSWerの経験による戦略を優先させてしまうことから，教育委員会や学校組織との軋轢が生じている。先行研究で示されてきた，福祉という異質の価値観を導入することへの学校側の抵抗感（山下 1998）や，学校文化の理解不足による教員との軋轢への危惧（大崎 2005），がまさに発生している場面にSVrは遭遇している。

このような状況が発生するのは，C1とF21の語りにあるように，そもそも同じ自治体内におけるSSWer同士がバラバラの孤立した「丸投げ」の状況に置かれているためであると，SVrはアセスメントしている。同じSWerであっても，高齢者領域や児童家庭領域，障害福祉領域など，それぞれの領域によって具体的な視点やアプローチ方法に差異が生じることも少なくない。さらに，先行研究における実態調査でも明らかになっているように，元教員が過半数を占めるという特殊性も，SSW領域には存在している。福祉面の知識不足を心配する元教員のSSWerも少なくない（久能 2013：31-35）。

こうした様々な経歴を有するSSWerが，活用事業や学校の特質を把握して実践を組み立てていくための方略についてバックアップされる環境がない状況に置かれている。そのため，自身の経験のみを頼りにせざるを得ず，個々にまとまりなく実践してしまうことから，教育委員会・学校とSSWerとの軋轢，さらにはSSWer同士の隔たりも表面化する悪循環に陥っていることを，SVrは的確に見立てているのである。このように，SVrは，SSWer個人の資質を単に非難することから問題を指摘するのではなく，SSWerがパワーレスネスに陥っている状況を，未整備な事業体制がSSWerに与える影響面から多面的にアセスメントしようと試みていると言える。

『活用困難な構造の見立て』とは，'福祉人材の活用経験がない教育委員会担

当者にとって，事業方針を定めることがそもそも困難であるという制度上の欠陥を持つ構造のため，活用事業の方向性が曖昧な状態にある，とSVrが認識すること'である。

(C3)「(SSWerのときに）"最終的に私たちに期待することは？"と（教育委員会担当者に）聞いたら，"きめ細かな対応をしてください"ということを言われて，それはどんなことだろうと疑問ばかりで。私はそこをもっと具体的に計画を立てられるためには，もっと実態を伝えないとダメなんだろうなと」
(E2)「彼（教育委員会指導主事）がどんなに頑張っても，SSWerに自分たちの思いをなかなか伝えることができないし，SSWerたちは彼に自分の思いを分かってもらえないと思っているし，何でこんなことが起こるんだろう」
(F21)「例えば，適応指導教室の指導員の給料がどこからも取れないから，活用事業でもらえるらしいから，それを使っちゃおうとか。支援人材として使っちゃおうとか。もうバラバラだったので，雇う人材もバラバラ。それから教育委員会の考え方もバラバラ」

　多くの職務を兼務し，多忙な状況下にある教育委員会担当者が，これまでに活用経験のないSSWを理解していくことは簡単なことではないと考えられる。したがって，SSWの意義は十分に感じつつも，配置されたSSWerに対して「きめ細かな対応を」という，漠然としたビジョンを「丸投げ」する状況となったことが，上記のC3の語りから推察される。そのため，E2の語りにもあるように，教育委員会担当者とSSWerとの間でのすれ違いや葛藤は少なくないと考えられる。先行研究でも，SSWerは，単年契約のため大きな企画の立案・実施ができない，どこまで教育委員会への指示をあおぐべきか分からない，という教育委員会に対する困難性を抱えていることが示されていた（久能 2013：31）。
　そもそも，文部科学省は都道府県に対して活用事業の展開方法について簡単なガイドラインを示すのみであるため，都道府県の教育委員会担当者が具体的な事業ビジョンを獲得する機会はほとんど存在しない。福祉的な人材を確保す

るネットワークも持たないため，比較的確保しやすい退職教員をSSWerとして雇用し，適応指導教室の指導員と兼務させるようなことも珍しくない状況である。SVrは，このような矛盾が生じる制度の持つ構造を批判的に捉えつつも，教育委員会の抱える困難性も汲み取ろうとしている。

こうした事業背景を把握しているSVrは，C3の「私はそこをもっと具体的に計画を立てられるためには，もっと実態を伝えないとダメなんだろうな」という語りの部分に示されているように，単に教育委員会を批判することに終始していては解決できないという認識を持っている。このように，教育委員会による管理運営がそもそも困難な構造上にあることに意識を向けていることが，本研究における分析焦点者の特徴と考える。SVrのこのような認識が根底にあるために，次のプロセスとして〈橋渡しを試みる〉という行為に移行できるものと考える。

『SSW特性の再認識』とは，'SSW実践には，学校現場において専門性を発揮しにくい困難特性があり，その実践を機能させる活用事業の管理運営は容易ではない，という認識をSVrが持つこと'である。

（B16）「SSWerはあんまり出過ぎないことというか，まずは学校のなかになじむというのが大事かなと。対立してしまったら結局仕事が回ってこないわけですよ。そうなってしまうと何の意味もないので，まずは入り込むというか。基本的には関係性を保って，一緒にやっていくっていうようなところですね」
（G10）「学校の期待で，学校のニーズで動いているけど，それが果たしてSSWerの動きなのか，学校の教員としての立場のこともあるのではないかとか。そのへんで，業務の部分に関してよくわからないグレーな部分がたくさんあるのかなと思った」

上記の語りは，活用事業には学校現場で専門性を発揮しにくい現場特性があり，SSW実践を機能させる活用事業の管理運営は容易ではない，というSVrの認識である。教育現場では，スクールカウンセラーの活用が一般的となり，

外部専門家の受け入れ状況は，それ以前に比べて相当進展していると言われている。スクールカウンセリングの背景学問として代表的な臨床心理学や教育心理学は，教員養成課程でも履修され，多くの教員がカウンセリングマインドを持つことの有用性を実感しているものと考えられる。一方，福祉マインドを持つことの重要性は認識しつつも，基本的な知識を習得しているスクールカウンセリングに比べると，SSWの実際的アプローチを具体的にイメージすることは，教員にとって非常に困難であることが推察される。

　このような教育現場において，B16の語りのようにマンパワーとしても少数派であるSSWerは，教育と福祉の狭間に揺れながら実践を進めていかなければならない。また，G10の語りにあるように，学校組織のなかに福祉専門職が組み入れられ，埋没してしまう危険性（山野 2007）とも対峙しなければならない。学校をフィールドに，子ども家庭や地域と学校とに同時にアプローチするSSW実践の難しさと，それをバックアップすべき事業体制が未成熟な状況に置かれている現状から，こうしたジレンマが発生しやすい状況となっていることを，SVrは適格に把握することが重要となる。

　以上のように，〈困難状況にあるSSWerへの理解〉には，活用事業の予想以上の困難さに対して，驚きと戸惑いというインパクトを持ちつつも，それがもたらされる制度や構造を理解しようとするSVrの認識が表れている。それが，その打開に向けた次の〈橋渡しを試みる〉ことに着手するモチベーションにもなっているものと考えられる。

　『事業構造の見立て不足』とは，'SSW実践を機能させる事業となるには，教育委員会への働きかけと活用事業全体の見立てが重要であることをSVrが認識できず，ケース検討のみのSVが終始されること'である。

（C10）「事例研修では，だいたい事例紹介をして，みんながそれぞれの意見を言って，最後にSVrがまとめをして，終わり。あの検討で何が良くなったか（分からない）と言いました。"どうなのこれって，時間の無駄みたいに思うんだ

けど"って。もっとSVrには動いてほしい。県の教育委員会へももちろん行ってほしいし、委託している各市の教育委員会へも行ってほしい。そしたら、"SVの要綱にそんなことは決まってない"って言うんですよ。"え？"って思うんですけど。だからSVrの役割が、研修での助言と、あとは困難事例が出た時に学校がSVを必要だと認めて許可をした（場合にのみ）ケース会議に来ることができるんです。SVって、ケース会議だけ来たらいいのかと思うと、そうでもないですよね」

(B15)「やっぱりケース検討のSVだけだと、（実践の一部を）切り取るわけですよ。事例のミクロで終わっちゃう。メゾ・マクロの繋がりがあるんだよ、みたいなところとか、全体の枠を捉えてやらないと」

　上記C10の語りは、教育委員会主催の事例検討会での場面から派生した、SSWerの立場としての語りである。SV要綱を作成した教育委員会やSVrにとって、SVとは、事例検討を主とする、教育的機能を用いた取り組みである、と限定的に捉えられていることが推察される。上記の両者による語りは、SVを限定してしまうことへの疑問と問題提起であると言える。

　先行研究における実態調査でも、SV機能には着目せず、連絡会における実践報告への助言をSVとしている自治体などもあり、自治体のSVに対する捉え方によって大きな差異が示されていた（門田ほか 2014：141-149）。このような状況が発生する要因を分析するには、教育委員会担当者の活用事業に対する戦略や設計の不明確さがもたらされる構造を見出す『活用困難な構造の見立て』が必要であると考える。したがって、その重要性をSVrが意識できない場合は、SSW実践の持つ困難特性を踏まえ、SSW実践が機能する事業として見直すための、教育委員会担当者に対する働きかけが実行されにくいものとなる。そうなると、活用事業全体の見立ても手薄となってしまう。こうして、事例検討を中心とする教育的機能のみがSVの主要内容である、と捉えられてしまう状況も生じている。

（2）〈橋渡しを試みる〉（SVrの行為）図3-3のB

〈困難状況にあるSSWerへの理解〉から活用事業そのもののあり方の重要性を認識したSVrは，事業の管理運営主体である教育委員会担当者に〈橋渡しを試みる〉。そこでは，まず，教育委員会担当者の何とか事態を打開しようとする思いを『動機付けを顕在化させる』ことで強めるよう働きかける。また，『SSWerとしての動きを示す』ことに努め，SSWの理解と信頼を得るよう働きかける。そして，教育委員会担当者とSSWerとが自治体の事業課題を一度立ち止まり共有する『互いに立ち止まらせる』ことを進めていく。

『動機付けを顕在化させる』とは，'活用事業の管理運営が困難な状態に対して，何とか打開しなければという教育委員会担当者の思いを，SVrが顕在化させて強めること'である。

(E12)「（教育委員会担当者である）指導主事が私に相談したくても（他のSSWerに気を遣って）相談できなくて，（仕事が）終わった後に私に話しかけてくる。そんなのも（指導主事の上司である）課長が全部見ていて，これ（学校とSSWer，教育委員会とSSWerの乖離）をどうにかしなければいけないというところで，課長のニーズがあったんですね。どうにかしないといけない。私もどうにかしたいと」

(F6)「指導主事はもともと，活用事業を成功させたいと思っていた方なのですが，1年目の導入の時にはどんなSSWerを入れたらいいか分からなかったり，事業設計をしたらいいか分からなかったり。それが，ちょうど（一緒に参加した）研修があった時に，はっと（解決の見通しに）気付かれたようで」

上記の語りからは，学校現場の特性に考慮した動き方と，SSW実践との間に摩擦や乖離がある状況に対して，教育委員会担当者は担当者なりに，SSW実践が機能する活用事業となるために何をすべきかを暗中模索していることを，SVrが把握しようとする意図が推察される。このような活用事業の方向性が不

透明な状態に対して，SSWerの側からは，現に配置されているのだから有効活用されて当然である，SSWを理解できない教育委員会や学校側に問題や責任がある，という責任転嫁を一般的にしてしまいがちである。実際に，先行研究でも，お客様扱いされる，ケースの「丸投げ」，学校がうまく活用できない，と訴えるSSWerは少なくないことが示されている（久能 2013：30）。「相談したくても（他のSSWerに気を遣って）相談できなくて」という上記E12の語りからは，このような対立構図になりかけている状況が推察される。SVrに対してオープンな相談がしにくい状況を回避するためにも，まず，SVrは，活用事業の管理運営主体である教育委員会担当者の関心に着目し，共に研修に参加し，その困り感を汲み取ろうとしている姿勢が読み取れる。

　そのようなSVrの働きかけによって，上記E12の「（仕事が）終わった後に私に話しかけてくる。そんなのも（指導主事の上司である）課長が全部見ていて」といった，教育委員会側からの接点を求める言動も生じていると考えられる。このように，SVrの働きかけが，教育委員会担当者の課題を乗り越えようとする動機付けを顕在化させて強めていると言える。これは，次の『SSWerとしての動きを示す』とも影響し合い，SVrと教育委員会担当者との相互の関係性が深まっていくものと考える。

　『SSWerとしての動きを示す』とは，'SSWerの活用に関して共通の議論ができるようになるために，SVr自身がSSWerとしての実際的な動きを見せることに努めて，教育委員会担当者からSSWへの理解を得ようと試みること'である。

(E11)「一番必要なのは指導主事からの信頼なんですね。それこそ部屋の掃除から始めたんですね。環境整備。指導主事って，結構ぐちゃぐちゃなので，それを一つずつファイルをつくっていったんです。もともとシステムの人間なんで，ファイリングシステム得意なんですよ。そこを全部直して。そんなことをやっているうちに段々話しかけれるようになって，少しずつ相手にされるよう

になって」

(C3)「（教育委員会担当者と）一緒に，財政的に予算を獲得するときに資料を一緒につくるくらいの気持ちで相談できるといいなあと思っています」

　上記のように，具体的なSSWerとしての実践機能を示すことで，教育委員会担当者との関係性を深めようとする語りは少なくなかった。ほかにも，「とにかく，粘る。諦めないというか，まあ，ぼちぼち，無駄と分かっていても連絡するとか。でも嫌ですよ，やっぱり。でもいつかは（教育委員会の）担当は変わりますからね。最低限の訪問とかはやっぱりして（A9）」などがあった。これらは，SSWerとしてミクロからメゾ・マクロの視点，アウトリーチやソーシャルアクションの視点と行動を，実際的に示しているとも言える。

　また，「昨年，一昨年なんかは，トラブル案件がすごかったんですよね。特に，対学校に対する保護者の（クレームで），校長が辞めないと許さないとか，議員呼んでくるとか。それ（教育委員会・学校と保護者との間）に全部入ったんですよ（A13）」という，SWにおける調整的機能を，教育委員会や学校に対しても発揮している状況を想定させる語りもあった。教育委員会に配属となるSVrのなかには，SSWerを兼務している場合がある。その兼務状況が，実際的なSSWerの動きを示すことにもつながり，結果的に奏功する場合もあるだろう。

　こうして，『動機付けを顕在化させる』と『SSWerとしての動きを示す』行為をSVrが根気強く積み重ねることは，教育委員会担当者がSSWの理解を深めることに寄与しているものと考える。この地道なSVrの働きかけによって，教育委員会担当者とSSWerとが自治体の事業課題を一度立ち止まり共有する『互いに立ち止まらせる』ことへと進展することができると考えられる。

　『互いに立ち止まらせる』とは，'教育委員会担当者とSSWerとが自治体の事業課題を一度立ち止まって共有できるための橋渡しを，SVrが進めていくこと'である。

(E4)「SSWerが教育委員会と課題設定していく，同じアセスメントをしていく。じゃあどこに向かっていくのかをお互い確認していくことが必要じゃないのかと思っています」

(C5)「まず，何のどういうプランを立てるかという前に，どういう状況か，アセスメント，そこが大事だなと。そこをみんなでしなければならないんだな，ということを，うっすらと，うっすらと共通認識になりつつある」

(D10)「(SSW事業プログラムの効果的援助要素を参照し) 2カ月に1回，市町の教育委員会担当者に来ていただいて，教育事務所の所長や課長も一緒に入って，情報交換会をするんですね。スクールカウンセラーや教育支援員も一緒に。ケースの進捗状況などを全部書類にまとめ，(SSWerの)動きと成果と状況を知ってもらう機会をつくっています」

　SVrと教育委員会担当者とが，事業体制のあり方について議論できるような共通基盤が『**動機付けを顕在化させる**』と『**SSWerとしての動きを示す**』により，少しずつ整えられてくる。それを土台に，教育委員会担当者が抱えている事業課題とニーズは何か，SSWerがどのような貢献可能性とニーズがあるのかを，SVrは，一歩踏み込んで明確化し，共有化しようと働きかけている。C5の語りには，教育と福祉という異なる背景や勤務経験，価値によって別々に見えている現象に対して，SWのアセスメント技術も使って協働で事業課題の分析をすることを試みているものである。

　このように，SVrが『**互いに立ち止まらせる**』を行うことは，自治体に起きているSSWer活用を巡っての悪循環連鎖に対して，各々の視点から俯瞰するような働きかけになっている。それは，教育委員会担当者とSSWerとが一度立ち止まり，過去の経験や信念から一歩距離を置くことを促しているとも言える。なぜなら，SSWerの活用を巡る混乱状況を直視できない場合は，活用事業の課題が山積していることに向き合えずに，各々が計画性のないやみくもな実践に奔走してしまう場合があると考えられるからである。このとき，SSWerは過去の経験と信念によって，とにかく一歩でも前進すること，目に見える成

果を出すことにとらわれてしまう。こうした切迫した状態が，「無力化にある
SSWer」と「活用困難な構造」をさらに加速させ，悪循環を生み出すことに
つながるものと考えられる。

　また，D10の語りにあるように，『**互いに立ち止まらせる**』では，SSW事業
プログラムにおける，教育委員会が取り組むべき指針（組織計画）のなかの「課
題分析と情報収集をふまえたフレイム作り」などの効果的援助要素（山野ほか
2015：170-171）をSVに参照していることが推測される。この参照によって，
SVrがSSWerへの個別的で教育的なSV方法を吟味する以前に，教育委員会担
当者による活用事業の管理運営状況を見立て，バックアップしていくSVを優
先する動きが出ているものと考える。それは，事業管理面の重要性に早くから
着目することが，以降のSVを推進していく上で必要不可欠であるという判断
を踏まえたものと考えられる。

　本節第2項の影響要因でも触れるが，以上のようにSSW事業プログラムに
対する参加型評価研究に関与し始めたSVrは，教育委員会との協働に必要なこ
とを探すための対話ツールとして，参加型評価の参照をSVにおいて試みてい
る。その働きかけの重要性を実感することで，次の段階である『**研修を糸口に
協働を探る**』（Ⅱ期）という問題意識がもたらされ，参加型評価をSVに活用し
ていく見通しを持つことにもつながっているものと考える。

2.〈試行錯誤からの視点拡大〉（影響要因）図3-3のC

　【パワーレス要因への着目】に対する影響要因の一つが，〈**試行錯誤からの視
点拡大**〉経験である。教員と協働で実践が奏功したSSWerとしての『**互いの
強みに気づく経験**』をSVrは有している。また，構造化された研修カリキュラ
ムを探すなかで『**参加型評価に行き着く**』経験をしている。

　『**互いの強みに気づく経験**』とは，'SVrが，子どもや保護者に対して教員と
協働する多様な働きかけが奏功し，互いの強みに気づいたSSWerとしての経験'

である。

（D9）「SSWerは，1人で家庭支援を広げていくのではなくて，学校と一緒に（実践を）行っていくことができますね」

（A11）「（ある）父母が，担任教師にすごい電話攻撃をして。"勉強ができないから特学と言うんだったら，お前が家に来て教えろ"と。ちょっと担任の先生がメンタルになりそうな感じ。やっと（保護者が）家庭訪問を許可してくれて，教頭先生と行ったんですよ。夕方6時。怒られましたよ。"1分すぎただろ"と。すごい暴風雨の日で，ビチャビチャになって行ったのに。"帰れ，帰れ"，みたいに。"どうもすいません"と言って。次にやっと許可してくれたときには，45分ぐらい早くいって待ってましたけどね」

（E5）「なかには（不登校の）子どもを連れ出すために，"先生悪いけど，日中は学校に行く時間なんだけど，私がカラオケに連れて行くから"，と。"どこどこ連れていくから"と言って断りながら。やっぱりそこで目に見える変化が出てきたんですね，子どもに。先生も，1日も来ない子どもを，必ずクラスの一員として扱ってくださっていたので。例えば，小学校6年生のときのアルバムには，何回かしか来ていなかったその子の写真を上手に引き出してくれて，あたかもその子がそこにいたようなアルバムが出来て。その子も，そのアルバムに満足して小学校を卒業していった」

A11の語りでは直接示されていないが，SSWerとして，攻撃的な言動をする保護者に対して，教員と何度も支援方針を協議し，互いの役割分担を決め，いつ誰がどのようにアプローチするかというシミュレーションを重ねて，家庭訪問に臨んだ背景がある。SWerの専門性とは，抱え込まない力，人に頼る権利の復権を目指すこと，助けてもらっていることを味わう力，環境や地域の力を信頼し借りる力などでもある，との指摘がある（鈴木 2015a：18）。E5の語りも，教員とSSWerとが互いに支え合いながら協働していることが読み取れる。このように，教育の視点と福祉の視点によって互いに支え合い，それぞれの強

みを織り交ぜながら，厚みのある多様なアプローチを行うことで，困難な状況が確実に変化したSSWerとしての経験を，SVrは持つ。このような教員との協働的関係性が，SSW実践の幅を広げることにもつながる。こうして，SSWerとしての単独支援だけではなく，学校と協働したアプローチが有効であるという協働経験を，SVrは実践的に積み重ねている。

その一方で，学校と関係を持ちにくい，教員との関係形成に努力を要す，教員と馴染めない（久能 2013：30-31）などの状況を背景に，SSWerは孤立したまま単独支援に奔走してしまう傾向があることも指摘されている。だからこそ，SSWerは，教員や学校組織に対して，自身がどのような視点を持っているか，どのようなスタンスで関わろうとしているのかを省察することが求められ，そのためのSVrによる支援が必要不可欠である。学校を取り巻く環境には，子どもと保護者と学校との関係性，さらに，地域や関係機関との関係性などを含めた多様な関係性が存在している。それらの接点に介入し，協働関係を構築するSSWerとしての経験が，SSW実践の持つ困難特性を考慮するSVにも活かされ，【パワーレス要因への着目】をするSVに影響を与えているものと考えられる。

『参加型評価に行き着く』とは，'SVrが構造化された研修カリキュラムを探すなかで，SSW事業プログラムに対する参加型評価と出会い，その研究に参画し始めること'である。

(B12)「今やっている（自分の）SV自体が，これでいいとはもちろん思ってなくて。やっぱりどんどん改善していかないといけないことがあるから。そういうなかで"こんなこと（SSW事業プログラムの研究）やるよ"という情報を得て，一定の枠組みを示しながらやってくところで魅力的なものを感じた」

(E2)「（SSWerを）育てるためのマニュアルやカリキュラムが必要になってくる，というところにぶち当たっていたときに，（SSW事業プログラムの）面白い研究やっているよと聞いて，推薦するから行って来ればいいというのがX年だったかな。そこで行われた全国の集まりで，（実施マニュアルの）文章に対

して様々議論するという，その会議に突然行ったんです」

(F6)「最初の目標設定がはっきりしていたところがすごくわかりやすかった
です。子どもの最善の利益と，それから，つながり合う地域をつくるという，
この2つが市町村ネットワークと全く意図が一緒なので。面白いなと思って」

　上記の語りから，SVrは，SSWerの専門性向上のために参考となる研修方
法を，全国的な視野で探索していることが推察される。その経過から，全国の
実践家が参画して意見交換をする，SSW事業プログラム研究に関する情報を
得て，自主的に参画している。SSW事業プログラム研究では，参加型評価の
大きな特徴の一つである実践家参画型の評価ワークショップ（第2章第1節注2
参照）を，年に複数回開催している（山野2015b；大友ほか2015）。参加案内は，
広く全国に周知する場合もあり，こうした開かれた議論の場があることによっ
て，SVrがSSW事業プログラムに出会うことが可能となったと推測される。
この参加型評価に関わる経験が，このⅠ期の段階でパイロット的にその活用を
試みるSVrの視点と動きに影響しているものと考える。

　このような参加型評価における意見交換会は，プログラムに関係する多様な
主体が参加し，評価を共に行い，活動や戦略の見直しに有効な評価情報を抽出
する関わりの場である（源 2015：38）。これは，参加者の意見を統一する場で
はなく，多様な経験と知識を持った人々による討論を通し，相互の意見の相違
を踏まえた「意見の再形成」を行うことを重視し，当事者としての立場から主
体的な関わりと価値判断が求められる場である（源2015：38）。こうして，参加
型評価の特徴を実感し始めたSVrは，参加型評価が教育と福祉の協働体制をつ
くり出すための対話を形成する1ツールとしてSVに活用できるのではないか，
という見通しを得ているものと考える。

　以上から構成される〈試行錯誤からの視点拡大〉経験が，〈困難状況にある
SSWerへの理解〉を的確に認識すること，〈橋渡しを試みる〉行為を展開して
いくことを促している影響要因であると考える。

3. 【変革推進を支える価値】（影響要因）図3-3のC

　【パワーレス要因への着目】への影響だけではなく，全プロセスを通じて，SVrの認識と行為を支える基盤とも言える影響要因が，自治体を俯瞰する視点の『ミクロとマクロの複眼的視点』の蓄積，自治体全体の発展に対する『自治体を牽引する使命感』と，子どもの最善の利益と社会正義に基づく『エンパワメントへの価値』から成る【変革推進を支える価値】である。

　『ミクロとマクロの複眼的視点』とは，'SSWerによるミクロレベルでの支援から，自治体における活用事業を俯瞰するマクロの視点までも統合した，SVrとしての視点'である。

(E3)「（実践者として）中に入ったら見えなくなってしまうことが絶対に多いんですね。自分自身がもともとSWerで，SSWerにはなるつもりも全くなかったので。管理ができればいいんですよ。制度設計と管理ができればいいだけなので。（…中略…）SSWerが学校現場でどう動いているのかがイメージできなくて。SWerがコーディネーターとして学校現場に入ることが多くて，ある程度は見えていたんですけども，それでもやっぱり（外からだけでは）細かくは見えないだろう」

(B15)「対子ども，保護者に対応するのがSSWerだ，みたいな見方があるなかで，そうではない，教師・学校・地域というメゾ・マクロに広がっていくっていう，そういう視点が（SSW一般的に）少ないかと思います」

　E3の語りにある「（実践者として）中に入ったら見えなくなってしまう」ことと「（外からだけでは）やっぱり細かくは見えない」こととは，ミクロとメゾ，マクロの複眼的視点を持つバランスが重要であるという視点を示している，と考えられる。ジェネラリストSWは，「点と面の融合」を特質として，個と地域との一体的な対象把握，当事者システムから環境への波及的展開，交互作用

を促進する媒介機能，直接支援と間接支援の一体的アプローチが含まれる（岩間 2016：104-105）。B15の語りも，ミクロの支援を行いつつもマクロを考慮し，マクロ支援のときもミクロに配慮して，常にその視点の往還が求められていることを指摘したものである。このように，ミクロからマクロ実践までを視野に入れた自身の視点を確認し，どのように教育と福祉の協働をつくり出すSVに取り入れることができるのかを検討し始めた，SVrの視点と思考が示されていると言える。

『自治体を牽引する使命感』とは，'SSWerとして自治体を牽引してきた経験から，自治体全体の発展に対する使命感をSVrが持つこと'である。

（A10）「自治体で最初のSSWerというのがすごいプレッシャーがありましたね。自分がこけたらここのSSWはないだろうなと。使命感だけはありました。何とかしなければと」
（B7）「使命感みたいなのがずっとあって，かなり研究もしてるし，お互いに（SSWerと）一緒にやってるじゃないですか。そのなかで，県全体のことをやらないといけないかな，という思いで今のとこやってます」

調査協力者10名のうち半数の5名が，自治体にSSWが導入された初期からSSWerとして活動していた。教育委員会や学校からの不安と期待を背負って，道なき道を開拓してきた経験者である。失敗や挫折も含んだ，そのパイオニアとしての試練と経験は，上記の語りのように，自治体全体の発展に貢献しようとする使命感へと成長するものと考える。それは，早急な解決策を求められミクロレベルの実践に埋没しがちになる活用事業を，自治体全体の発展を目指した，SSW実践が機能する協働体制へと変革しようとする，SVrとしての原動力ともなっているものと考えられる。

『エンパワメントへの価値』とは，'子どもの最善の利益と社会正義に基づい

て，エンパワメントと組織変革に切り込むことがSSWでは重要であるとする，SVrの価値’である。

(E5)「だからこそ学校は二の次ではなくて，子どもと同じぐらい学校はとても大事。子どもの最大の環境はやっぱり親。じゃあ2番目の環境は誰といったら学校なんですね。子どものQOLを上げていくためには，2つの環境が上がらなければダメ。子どもだけではなく学校もエンパワメントしていく，しっかりしていくのは，私はSSWの基本なのかなと」
(C4)「やっぱり一番長く過ごすし，一番長く関わっている先生たちがいる環境が変わった方が，こっちの町のAさん，こっちの町のBさんって言って私が（ミクロレベルでのみ）対応しているよりも，効果は上がるじゃないですか」

　SSWは，人権と社会正義を専門職の価値基盤とし，種々の要因によって子どもたちが等しく教育を受ける機会や権利が侵害された状況にある場合には，速やかにその状況を改善し，教育を保証していくことを重視する（門田 2010：129）。また，SWのグローバル定義では，マクロレベルの社会変革と社会開発が強調され，人々の希望や自尊心，創造力を高め，行動戦略を持って抑圧や不正義に挑戦し，社会を変革するSWが再定義されている（社会福祉専門職団体協議会国際委員会 2014）。上記の語りは，これらの価値に裏打ちされたものと言える。また，SSWerは子どもの学びの場である学校を現場とするスペシフィックな専門職であり，過度な競争主義のもとでゆがみつつある学校教育を，学びの本来的，人権論的意義に照らして軌道修正させる役割を持っていること（望月 2015：47）を自覚したものである。ただし，そられは福祉の価値から一方的に学校教育を批判することで解決するものではないことは，協働を見出そうとする【パワーレス要因への着目】における，これまでのSVrの視点と行為に示されている通りである。
　こうして，学校組織を一つの環境として捉え，それをエンパワメントし変革する価値が基盤に据えられていることが，ひいてはSSWerもエンパワメントし，

事業体制を変革していくことにも影響し，本SVプロセス全体に作用している
と考える。

　以上の『ミクロとマクロの複眼的視点』，『自治体を牽引する使命感』，『エン
パワメントへの価値』から成る【変革推進を支える価値】は，自治体における
事業体制が，子どもの最善の利益を真に保証する制度となるために，SVrに求
められる視点と行動を方向付けるものとなっている。それは，参加型評価を
SVに活用する上でも，この価値を拠り所にしながらエンパワメントを模索し
ているものと考えられる。したがって，【変革推進を支える価値】は，全プロ
セスを通して，参加型評価をSVに活用し協働体制に変革しようとするSVrを
支える基盤となっていると考える。

第3節　Ⅱ期：対話を通した協働の産出をするSV

　本節では，SSWerをエンパワメントし事業体制を変革するSVプロセスの中
期にあたる，対話を通した協働の産出をするSVの分析結果と考察を述べる（図
3-4）。この時期では，まず，Ⅰ期での活用事業の見立てと課題共有に基づき，
SVrは，SSW実践の特性に応じた研修体制の整備を協働のための糸口として
認識し，教育と福祉の協働の視点で構成される研修ついて教育委員会担当者と
対話を重ねる。そして，SSWerとも，参加型評価をSVに活用することの意味
を共有しながら対話を継続して，SSWerをエンパワメントする多様なSVを実
施している。また，これらのSVrの認識と行為には，参加型評価研究への継続
的な参画が影響している。

1.〈接点が見つからないジレンマ〉（SVrの認識）図3-4のA

　Ⅰ期において，教育委員会担当者とSSWerとの方向性を共有できるよう橋
渡しに努めたSVrであるが，制度的な制約などの『行政の硬直な壁』は厚く，

協働の難しさにジレンマを抱える。そのため，SSWerをエンパワメントする育成制度の整備が進まない状況に対して，SVrは『育成が進まない危機感』を持つ。そこで，SVrは，SSW実践を機能させるためには，SSWerをエンパワメントする研修体制を教育委員会と協働でつくっていかなければならないという『研修を糸口に協働を探る』問題意識を持ち，協働を進める上での糸口として捉えるが，なかなか容易には見出せない。

　『行政の硬直な壁』とは，'教育行政の持つ制度的制約や硬直さを背景に，協働していくことが困難であるとするSVrの認識'である。

(B10)「（教育委員会担当者は）2年目，3年目になると変わっちゃうというのがあるので，また仕切り直しということなんで。だから，なかなかちょっと行政を動かしていくのは難しいなと」
(F8)「教育委員会担当者は，（研修）会をやってと（SSWerから）言われるのでやるみたいな感じで，全く丸投げで」

　Ⅰ期において，教育委員会担当者とSSWerとの方向性を共有できるよう橋渡しに努めたSVrではあるが，上記の語りのように，教育行政における制度的制約などによって，協働すること自体に難しさを感じるという語りは少なくない。行政の担当者レベルの異動でSWそのものの機能のあり方に大きな影響が出るのは，他領域にはないSSW領域における特質の一つである。本研究の分析焦点者に限らず，教育委員会担当者との共通認識を形成していくことが簡単なことではないと捉えているSVrは，少なくないものと考えられる。
　したがって，そのような場合は，再度【パワーレス要因への着目】（Ⅰ期）に立ち返り，教育委員会担当者のニーズを見立て，共通で取り組む課題点を探していくことを地道に繰り返す必要も出てくる。このように，SVrは，なかなか前進しにくい事業体制にジレンマを抱えながらも，その打開策を模索し続けていると推察される。

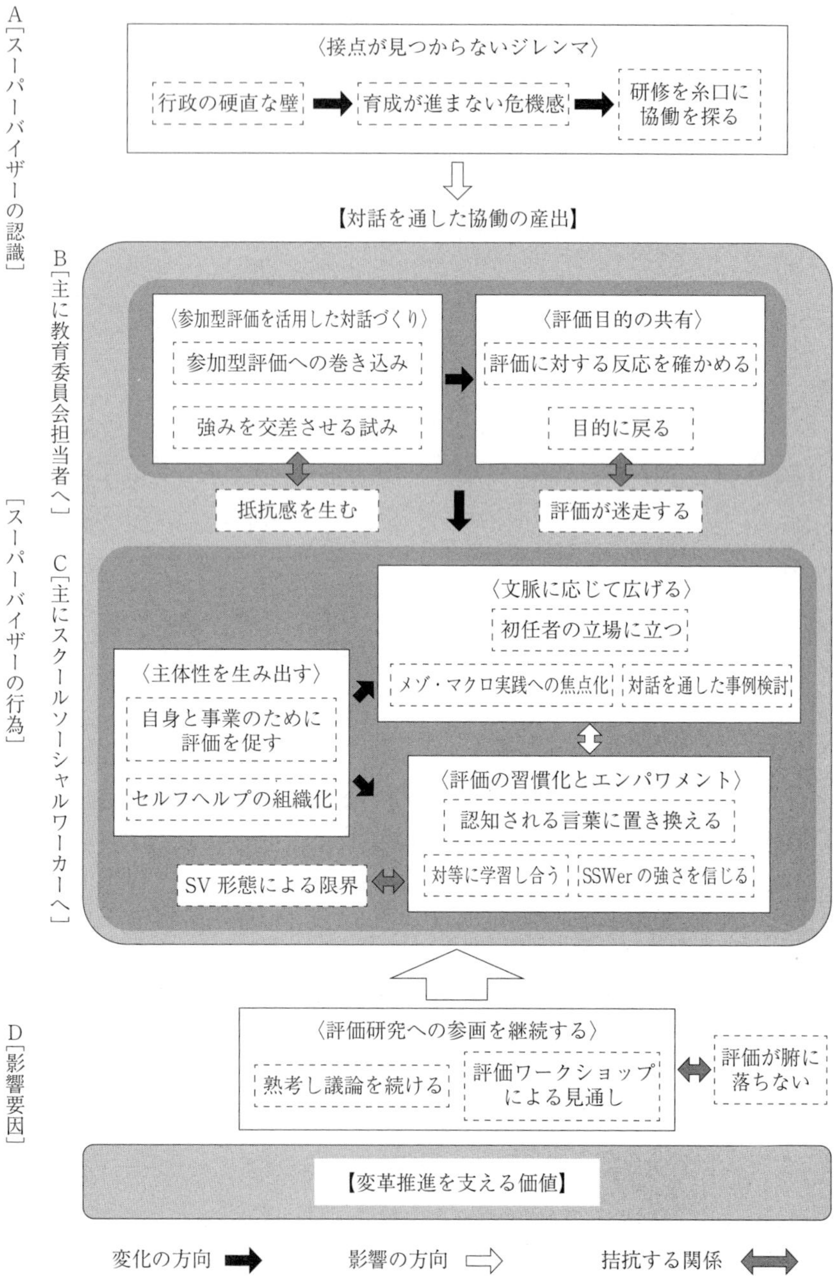

84

A［スーパーバイザーの認識］

〈接点が見つからないジレンマ〉

行政の硬直な壁 ➡ 育成が進まない危機感 ➡ 研修を糸口に協働を探る

⬇

【対話を通した協働の産出】

B［主に教育委員会担当者へ］

［スーパーバイザーの行為］

〈参加型評価を活用した対話づくり〉
参加型評価への巻き込み
強みを交差させる試み

➡

〈評価目的の共有〉
評価に対する反応を確かめる
目的に戻る

抵抗感を生む　　　評価が迷走する

⬇

C［主にスクールソーシャルワーカーへ］

〈文脈に応じて広げる〉
初任者の立場に立つ
メゾ・マクロ実践への焦点化　対話を通した事例検討

〈主体性を生み出す〉
自身と事業のために評価を促す
セルフヘルプの組織化

〈評価の習慣化とエンパワメント〉
認知される言葉に置き換える
対等に学習し合う　SSWerの強さを信じる

SV形態による限界 ⬌

⬆

D［影響要因］

〈評価研究への参画を継続する〉
熟考し議論を続ける　評価ワークショップによる見通し
⬌ 評価が腑に落ちない

【変革推進を支える価値】

変化の方向 ➡　　影響の方向 ⇨　　拮抗する関係 ⬌

図3-4　Ⅱ期：対話を通した協働の産出をするSV

『**育成が進まない危機感**』とは，'SSWerをエンパワメントする研修体制の整備が進まない状況に対する，SVrの危機意識' である。

(E1)「（教育）委員会がSSWerを育てなければ，この（活用事業）制度は終わりじゃないかなと。普通のSWerをSSWerに育てるのは，いったい誰なんだろう。（学校と軋轢が生じて）うまくいっていないこの人たちを，どうしていくんだろう，誰なんだろう，というのを思って」
(D3)「同じSSWerが集まるところ（研修会）に出た時に，そのバラバラさっていうのかですね，やっぱりそこを感じた。やっぱり業務指針的なものが必要だなって」

『**互いに立ち止まらせる**』（Ⅰ期）ことによって，事業体制のあり方についてその方向性を徐々に教育委員会と共有することができるようになる一方で，『**行政の硬直な壁**』により事業が進展しにくい状況も存在する。上記の語りは，そのような現状から浮かび上がってきた，研修体制が未整備の状況に対する具体的な課題意識である。この意識は，教育的機能を用いたSVを，SVrの経験を基に個別的にその場しのぎで行うことで解決できるものではない。あくまでも，自治体の事業ビジョンに沿った研修体制として，事業のシステムのなかにどのように位置付ければよいかという，事業体制のあるべき方向性と関連させた上での問題意識である。それが，D3の語りにある「業務指針的なものが必要」という語りにも表されていると考える。また，『**SSW特性の再認識**』（Ⅰ期）をしたSVrとしても，その難しいSSW実践を支えるための研修体制のあり方を計画的に検討していかなければ，この先の事業展開は非常に厳しいものとなる，という危機意識を表出しているものと言える。

『**研修を糸口に協働を探る**』とは，'SSWerをエンパワメントする研修体制を教育委員会と協働でつくるにはどうすればよいか，というSVrの問題意識' である。

(C2)「教育委員会，雇用している側が，SSWerの役割はこういうもので，だから家庭支援ばかりではないと（認識を持つ）。時によって（家庭支援を）しなければならないこともあるかもしれないけれど，（家庭支援ばかり）ではないから，ということを研修とかしてくれて，学校のなかで先生たちと，生徒や家族を理解しながらどう役割分担をしていくかどうかを考えられるような仕組みをつくってほしいと思って」

(F19)「（研修をしようとする社会福祉士会に）協力するなんて考え方は（教育委員会には）全然なかった。それで，社会福祉士会のSW研修を先行させて，それとSSW事業プログラム研究を重ねて，そこから教育委員会に（研修会を一緒に開催しないかと）働きかけていったんです」

　『**育成が進まない危機感**』を持ったSVrは，上記の語りのように，SSW実践を機能させていくためには，SSWerをエンパワメントする研修体制や役割分担を可能とする仕組みを整えなければならないという必要性を意識している。ここにも，SSWerの個人的力量だけを問題視するのではない，自治体における事業としての研修体制をいかに位置付けていくかという，課題解決思考が読み取れる。

　先述の通り，SSWerには，子ども・家庭へのミクロ実践による支援のみならず，学校組織に対するメゾレベルでのアプローチを行うことが求められている。学校組織に対するアプローチを有効に行うためには，教育委員会の持つ視点や戦略，人材，学校との関係性などが欠かせないとするSVrの意図が，上記の語りには含まれているものと考える。このような教育行政の持つ強みも活かしたSSWerを支える研修体制をつくっていくには，教育委員会と協働で整備していくことが必要不可欠である，とSVrは捉えているのである。

　このように，SVrは，事業体制を変革するに当たって，SSWerをエンパワメントする研修体制の整備が，教育委員会とSSWerとが協働するための接点となり，糸口となるのではないか，と認識していると考える。しかし，F19にあるように，職能団体と協力するなどの方法を試みてはいるが，まだこの時点で

は，その協働のための糸口は明確に見出せているとは言えない状況でもある。

2.【対話を通した協働の産出】

　SSW実践の特性に応じた研修体制の整備を協働のための糸口として認識したSVrは，教育と福祉の協働の視点で構成される研修ついて，教育委員会担当者との対話を〈参加型評価を活用した対話づくり〉，〈評価目的の共有〉により重ねる。そして，SSWerとも対話を通してエンパワメントを進め，〈主体性を生み出す〉，〈文脈に応じて広げる〉，〈評価の習慣化とエンパワメント〉などの多様な対話によるSVを実施する。以上が【対話を通した協働の産出】である。

(1)〈参加型評価を活用した対話づくり〉(SVrの行為) 図3-4のB

　〈参加型評価を活用した対話づくり〉として，SVrは，教育委員会担当者に対して対話の経路づくりのために『参加型評価への巻き込み』を働きかける。そして，参加型評価を活用し，教育と福祉の視点と強みを織り交ぜた『強みを交差させる試み』の研修を，教育委員会担当者と協働で協議，企画する。

　しかし，参加型評価をSVに活用する目的が理解されず，主体性が発揮されない『抵抗感を生む』場合もある。

　『参加型評価への巻き込み』とは，'研修体制のあり方について対話の経路をつくるため，参加型評価を活用した研修会に教育委員会担当者も参加できるよう，SVrが働きかけること'である。

(F7)「特に，SSWer側だけではなくて，教育委員会が意図して作り上げていく活用事業ということも感じられたんだと思うんですけど，一緒に参加されるようになって，我が教育委員会のためだったと思いますけど，我が町のためだったと思うんですけど，参加されるようになりました」
(C9)「1回目と2回目の(SSW事業プログラムを活用した研修会)の違いで

大きいのは，教育委員会の先生が参加してくださったことかな，2回目は。
"（他のSSWerへも，教育委員会担当の）先生も誘って"と依頼した。（すると
SSWerが）"担当の先生も誘ってみたら，行くって言ってくれた"と言って。
よかったな，と思った」

〈接点が見つからないジレンマ〉では，SSWerをエンパワメントする研修体
制を教育委員会と築き上げていくことが協働のための接点となることを認識しつつも，その糸口が見つからない状況であった。そこで，SVrは，対話の一つの場として参加型評価を活用した研修会に着目し，教育委員会担当者にも参画してしてもらうよう，働きかけている。

『活用困難な構造の見立て』（I期）にあったように，社会福祉の理論や方法について，職務上関連する機会が少ない教育委員会にとって，SSWerの資質向上のための研修会をどのように実施していくかに戸惑う自治体が少なくない（土井 2016：24）。そのような制度的な矛盾を抱えた状況もSVrは理解している。その上で，SSWerをエンパワメントするための重要なポイントとなる研修のあり方を，教育委員会担当者が主体的に検討していけるように，対話の経路づくりとして教育委員会の積極的な関与を参加型評価に巻き込むことで促していると考えられる。SVrは，教育委員会担当者がどのような役割を発揮して研修体制を整備していくべきであるか，そのためにSSWerと教育委員会，SVrの3者がどのような協働をすべきであるかを問い，常に協働の接点を求めて働きかけているものと推察される。

『強みを交差させる試み』とは，'参加型評価を活用し，教育と福祉の視点と強みを織り交ぜた研修会を，SVrが教育委員会と協働企画で試みること'である。

（E17）「新人研修では，学校アセスメントに特化している部分を，その学校の文化を教えるというところは，私からやらないで指導主事からやってもらった。退職校長からもやってもらった。SSWの導入時期の指導主事からは，その成り立ちも全部話してもらった。教育委員会がSSWをどう認識しているのかを，

効果的援助要素の項目に沿って研修プログラムをつくっていくということを意図的にやりました」

（F21）「教育委員会も一緒にやっていかないとこの事業は発展していかないことを伝え，ちょうど教育委員会も人材不足に悩むようになって，育成を始めないといけないのかな，と。育成のための研修ですね」

『参加型評価への巻き込み』では，SSWerをエンパワメントする研修体制のあり方について対話の機会が生み出されていた。そこで，上記E17の語りにあるように，教育委員会担当者による役割も明確にし，かつ，SSWの視点だけに限定された内容とならないよう，互いの強みを織り交ぜた研修会を，SVrは意図的に企画していることが推察される。

　『無力化にあるSSWerの発見』（Ⅰ期）でも見てきたように，SSWerがエンパワメントされなければならない課題に，学校現場の理解不足や，学校との信頼関係構築の困難性が挙げられ（久能 2013：29），学校組織との関係性に苦慮しているSSWerは少なくない。よって，SSWerには，学校組織や学校文化の特性理解，それらへの配慮方法，さらに，教員と対等な立場で子どものQOL向上に向けた協議を行うための戦略などを獲得することが求められる。こうした学校教育領域の特性に対応した専門的能力を向上させ，学校のなかでSWerとしての自身をコントロールしていくことができるエンパワメントを獲得するためには，SSWerによる視点のみで構成される研修体制では限界がある，とSVrは捉えているのである。そこで，上記の語りのように，参加型評価をSVに活用して，教育と福祉の視点と強みを交差させる場をつくり出そうとしていると言える。

　このように，SVrは，SSWerをエンパワメントするための研修に焦点を当て，参加型評価を介して教育委員会担当者とともに研修計画を協議し，企画することを丁寧に進めている。つまり，SVrは，協働のための視点と対話をつくり出す一ツールとして参加型評価を意図的にSVに活用し，SSWerに対する研修体制の基盤を整えようとしているのである。

『抵抗感を生む』とは，'参加型評価をSVに活用する目的が理解されないために，活用への主体性が生まれず，参加型評価に対する抵抗感が教育委員会担当者とSSWerに生じること'である。

(E19)「(ある教育委員会担当者の) 指導主事が，実はいきなり最初の紙ベースの (実施マニュアル) チェックの時に，やらせたときに，やっぱりものすごい批判を浴びていたわけですね。何でそんなことになったかというと，彼はそのSSW事業プログラムの説明を5分しかしていなかったんですね。5分しかしていないでやらせたので，やっぱり反発が起きたんでしょうね」
(A8)「やっぱり，教育委員会担当者も誰一人，"さっぱり分からない"と。SSWerに聞いたけど，"刺激にはなったけど (難しい)"。私と同じで (初めは) 分かってなかったと思いますね」

　参加型評価をSVに活用する目的を，対話を生み出し，教育と福祉の視点と強みを織り交ぜることを通してSSWerをエンパワメントすることにある，とSVrが明確化していない場合には，参加型評価として意義は理解されないことが，上記の語りによって示されている。参加型評価を進めるための1ツールとして開発された実施マニュアル (第2章第1節注3参照) を安易に導入させようとすることは，評価の基準が外部から示され，監視や統制，成果の測定という従来型の評価 (第1章第3節表1-3参照) として受け取られる恐れがある。参加型評価は，開かれた対話によって新たな価値を創出し，関係者間で納得する価値選択によって評価することが重要である。このような参加型評価の意義をSVrが十分に理解していなければ，参加型評価を対話の機会にして研修体制のさらなる開発に取り組もうとする内発的な動機や主体性は育まれない。その結果，上記の語りのような拒否感だけが生じることとなってしまうのである。

(2)〈評価目的の共有〉(SVrの行為) 図3-4のB
　参加型評価を活用した研修体制を協働でつくり始めたSVrは，教育委員会担

当者とSSWerの『評価に対する反応を確かめる』。そして，SVで参加型評価に取り組む目的の確認に何度も立ち返る『目的に戻る』ことにより，参加型評価のSVでの活用目的を共有し続けている。

　しかし，SVにおける対話ツールであるはずの実施マニュアルの確認が機械的となり，『評価が迷走する』こととなってしまう場合もある。

　『評価に対する反応を確かめる』とは，'参加型評価を活用した研修に対する教育委員会担当者とSSWerの反応を，SVrが確かめること'である。

（A13）「（SSW事業プログラムの実施）マニュアルの話をしても，（県教育委員会は）"それは県で取り組むには（難しい）ね"と。（そういう反応は）普通じゃないですか。国からのことじゃない，どこかの大学でやるようなことを，県として引き受けるとか。"それは社会福祉士会でやってくださいよ"と。（私が）"市町教育委員会に進めてもいいですか？"と言うと，"それは自由じゃないですか"と。"やると言うところはやったらいいんじゃないですか"と。"研修の案内は，県教育委員会から県内の各学校全部に送ってあげよう"。こういうマニュアル研修は，でもそれはあくまで任意で参加。だから土曜日や日曜日じゃないとできないんですよね」

（E3）「（SSW事業プログラム導入を）自分でやれる力もなかった。（なかなか理解してくれない）先輩がいたのでね。（SSW事業プログラムを活用した）ワークショップ実施まで2年間かかってしまった」

　『参加型評価に行き着く』（I期）経験によってSSW事業プログラム研究に参画し，参加型評価への理解も深まってきたSVrは，『互いに立ち止まらせる』（I期）において，参加型評価を活用したアプローチ法をSVに参照し始めていた。そして，前項の〈参加型評価を活用した対話づくり〉により，協働による研修体制づくりの基盤が整備されてきた。以上から，SVrは，この『評価に対する反応を確かめる』段階において，SSWerと教育委員会担当者が参加型評価を

活用した研修をどのように受け止めているかという反応を確かめている。

　先述の『**抵抗感を生む**』で示した通り，参加型評価には馴染みがないのが一般的である。教育委員会担当者やSSWerにとって，どのようなメリットがあり，効果的であるのかを，すぐに理解することは難しいと考えられる。そのため，上記の語りのように，SVrは，参加型評価を活用した研修に対する疑問や抵抗感などのネガティブな声も含め，その反応を確かめているものと考える。この確認作業を丁寧に進めることは，参加型評価を活用した研修に対する障壁を明確化することにもつながると言える。

　また，E3の語りからは，教育委員会担当者やSSWerからの反応を根気強く確かめ，躊躇しながらも，時間を十分にかけて対話しようとする意図とプロセスが読み取れる。例え，参加型評価を活用した研修の意義をSVrが十分に理解していたとしても，その一方的な思いでSVを進めてしまうと，参加と対話による参加型評価の趣旨とは反してしまう。それを防ぐ意味でも，周囲の反応を確かめながら対話をする上記のような慎重さは，非常に重要であると考える。また，意見を異にする多様な関係者が，参加型評価の意義について対等な関係で議論を重ねるプロセスは，SSW事業プログラムに対する参加型評価における当事者意識を高める点（源2015：38）からも意義があるものと考える。

　『**目的に戻る**』とは，'SVrが，SVで参加型評価に取り組む目的の確認に何度も立ち返り，教育委員会と評価目的を共有し続けること'である。

(E3)「（自治体における）活用事業のアセスメントをしっかりやった上で，どこへ向かうのかという方向をみんなでしっかり共有したい。そこで使ったのがワークショップ。課題分析をして，自分たちが何を目指しているのかというのを（教育委員会担当者の）指導主事と共有した」

(F11)「目的です。目的はなんだったのか，教育に（無理に）させるだったのか，誰のためにこのSSW事業プログラムをつくろうとしているかっていうところが明確だったのはありがたかったです。（何のためのSSW事業プログラム

か，というところで）すり合わせをしたんです，そうです」

（C7）「教育委員会の担当の先生は，"自分は（プログラムを）聞いてても分からないから"と言って，その上司の方も一緒に呼んでくださって，一応趣旨とか説明したんです。"SWerだけでやっててもダメなので，教育委員会の先生と一緒に考えてほしいので"と言って」

　『評価に対する反応を確かめる』見計らいを進めながら，『互いに立ち止まらせる』（Ⅰ期）ことによる情報共有体制を継続してきたSVrは，教育委員会が持つ活用事業の課題やニーズを一定程度把握できるようになってきている。それらのやり取りを手掛かりに，SVrは，E3の語りにあるように，教育委員会担当者の持つ優先的な事業課題やニーズを取り上げ，SSW事業プログラムと関連させて，評価ワークショップ（第2章第1節注2参照）をこの時点で実施している。この評価ワークショップは，参加型評価を研修で活用する意味や目的が，自治体における事業課題を解決し，SSWerをエンパワメントするためであることを認識できる機会となっている。こうした意味の共有をし続けることで，参加型評価を対話のツールとして自己評価にも取り組めたことが，E3の語りから推察される。同様に，F11とC7の語りにも，参加型評価の目的を共有し続けようとするSVrの意図が示されてると言える。

　参加型評価を適切に進めるためには，研究機関だけではなく，行政や実践現場，当事者，当事者を取り巻く地域の人々などの関係者が，参加型評価を有効なツールとして共通認識できるような取り組みが必要とされている（源 2015：42）。そのため，この『目的に戻る』は，参加型評価を研修に活用する意味や目的を，教育委員会担当者のニーズや実践現場の実情に合わせながら確認し，共有する重要な取り組みであると考える。

　『評価が迷走する』とは，'実施マニュアルの確認が機械的なチェック作業となり，それ自体が目的となってしまい，参加型評価のSVでの活用の意味が関係者に浸透しない状況にあること'である。

(C2)「(実施マニュアルの)チェックはしてくれるけれども, やはり, いろいろな(効果的援助要素の)項目との関連性を考えたり, 自分の活動をするときにそこに振り返りながら日々の活動を(省察)してくれているかというと, そこはまだちょっとまだ難しい」

　SVrが『目的に戻る』ことを丁寧に進めても, 参加型評価の対話ツールであるはずの実施マニュアル(第2章第1節注3参照)が独り歩きしてしまう場合がある。上記の語りでは, 実施マニュアルに示されている効果的援助要素に対する実施状況を確認することが, 「自分たちの評価」として捉えられず, 業務の一環として義務的に把握され, 機械的な作業と化してしまう場合があることが示されている。先述したように, 参加型評価が実践の改善のみならず, 評価過程が学習過程となり関係者がエンパワメントされることや, 事業体制そのものの変革につながることへの理解が不十分なためと考えられる。このような場合には, 改めて『目的に戻る』を進めるための方法を再検討することが求められると考える。

(3)〈主体性を生み出す〉(SVrの行為)図3-4のC

　SVrは, SSWerに対して, 参加型評価のSVでの活用目的が, 主体的な自己評価によるエンパワメントと事業体制の改善のためであると『自身と事業のために評価を促す』。また, SSWerが相互援助できる『セルフヘルプの組織化』を行う。

　『自身と事業のために評価を促す』とは, '参加型評価のSVでの活用目的は, 主体的な自己評価によるエンパワメントと事業体制の改善のためであることをSSWerが理解できるよう, SVrが促すこと'である。

(E3)「SSW事業プログラム(に基づくマニュアル)チェックをする意味というのがSSWerにきちんと伝わっていないと, これは難しいな, と感じてたん

ですね。やっぱり主体性ですね。SSWerも委員会も訳の分からないチェックをさせられた，評価をされた，みたいな，じゃないよ。自分の活動を振り返るための自己評価のためのツールなんだよ，という気づきが必要なんじゃないかと。もともと私たち活用事業はこういう目的のためにやっているんだよね，そのために実践の質を上げないといけないよね，という動機付けが必要じゃないかと。そこを私はすごく大事にしています」

(H23)「評価というのが言葉として一人歩きしないようにしなければならないから，やっぱりそのへんが難しいというか。それを一歩間違うとSSWerから反発も出てくるし。私はあくまでも自己評価というのを常に付けて言っているんだけど。他者評価じゃないよと。そこは繰り返し言っていかないと，これ（プログラム評価）の趣旨とそれる」

〈評価目的の共有〉をSVrが進めることによって，参加型評価をSVに活用する意味や目的，SSW事業プログラムの示す効果的援助要素の意味が，活用事業を管理運営する教育委員会に少しずつ理解されていった。しかし，実践の最前線に立ち，実践方法により敏感なSSWerにとっては，これらの効果的援助要素を，絶対的に「正しい」基準と捉えてしまい，SSWerが自身の実践でそれらを行っていなかった場合にネガティブな反応をしてしまうことが報告されている（比嘉 2016：182）。例えば，効果的援助要素の内容を初めて目にし，自身には知識がないと責める反応や，教育委員会担当者から人物評価をされるのではないかとう，不安や猜疑心などである。『抵抗感を生む』や『評価が迷走する』という参加型評価に対する誤解が生じないよう，SSWerの主体性に基づく取り組みとなるように，SVrが配慮し，説明していることが上記の語りに示されている。

先述した通り，参加型評価の目的は，プログラムの改善と，ひいては社会課題の解決への貢献であり，評価がいわゆる成果の測定に終始することでは不十分とされている（源 2015：37）。また，評価の基準は外部から示されたものではなく，評価対象となった社会の文脈において参加者によって決められること

が重視される（源 2015：37）。「第三者が知らないところで行った評価」でなく，スタッフやサービスの利用者を巻き込み「自分たちの評価」として評価することが実践の改善につながり，またそのような評価過程が学習過程となりエンパワメントや変革をもたらすのである（源 2015：37-38）。つまり，SSW 事業プログラムに示された効果的援助要素に対して，実践の文脈のなかで対話を重ねて読み解き，子どもと家庭，学校，そして SSWer 自身のエンパワメントに，さらに事業体制全体の変革につなげていくことが重要である。そのため，SVr は，SSW 事業プログラムが SSWer 自身の実践を振り返る際の主体的な自己評価とエンパワメントを促す SV のためのツールであり，事業体制を確認し改善していくための方法であることを強調しているのである。H23 の語りからも，SVr は，「他者から評価される」とネガティブに反応することを回避するため，自身の実践を振り返り，実践の質を高めるための自己評価に有効な方法として理解してもらえるよう説明していることが分かる。

これらは，以降に述べる影響要因の〈**評価研究への参画を継続する**〉によって，SVr が参加型評価の特性を理解し，そこで得られた知見を基盤にしているためと考えられる。また，この行為は，〈**評価目的の共有**〉を慎重に進めてきた延長線上にあるものとも考えられる。そのため，SSWer の反応と理解度を確かめながら，SSWer の実践文脈に即した SV での活用を進めることが必要であり，今後の参加型評価を活用してエンパワメントを進める SV を左右するターニングポイントともなる重要な行為として位置付けられる。

『**セルフヘルプの組織化**』とは，'SSWer 同士が相互援助し，主体的に参加型評価を活用した研修会を開催できるよう，SVr が働きかけること' である。

(C4)「"自主的に集まろう" とみんなで（話した）。全員（の SSWer）に一応声をかけて，私が声かける人もあれば，その（SSWer 同士の）つながりで声をかけてもらったり。とにかくみんなに声をかけて，集まれる人だけ集まって，そこで（SSW 事業プログラムの）説明をして。そこに来られなかった人へは，個

別で連絡を取って説明しに行きました」

(A6)「これ（SSW事業プログラム）は，私もやったことないし。県内でやったことある人が一人だったので，これは勉強しなければということで，それから毎年のように社会福祉士会で，会費募ったりして，（ファシリテーターの）講師を呼んでいたんですよ」

　先行研究でも示されていたように，研修体制が未整備である自治体も少なくないため，SSWer同士が横のつながりや情報共有をする目的から，自主的に研修会を開催している場合も珍しくない。その際，SSWerが困難を感じている事例について検討することが，主な研修内容になるものと推測される。また，その目的を明確化できていない場合は，愚痴と批判の言い合いだけに終始してしまう場合や，『無力化にあるSSWerの発見』（Ⅰ期）で示されたような孤立が生じる取り組みとなってしまう場合もあるものと考えられる。

　一方，上記の『セルフヘルプの組織化』とは，参加型評価の理論と方法を活用することで，主体的な自己評価によるエンパワメントと事業体制全体の変革を目指す，自主的な研修会の組織化である。そのため，一般的に考えるSSWerの研修イメージと乖離する場合があることが予想される。したがって，その目的を根気強く伝えつつも，上記のC4の語りのように，まずは「集まれる人だけ集まって」という開催形式となっているものと考えられる。また，これらは，日常的なSVrとSSWerとの信頼関係の上に成り立っていることも推察される。同時に，SVrのリーダーシップに関する力量も求められるものと考えられる。

　こうした自主研修会の組織化という方法も駆使することで，SVにおいて「自分たちの評価」というエンパワメントに基づく評価習慣が形成されて，次の〈文脈に応じて広げる〉と〈評価の習慣化とエンパワメント〉が実行できるものと考える。

(4)〈文脈に応じて広げる〉（SVrの行為）図3-4のC
　参加型評価の意味と目的を共有しながら，SVrは，SSWerの状況や文脈に

応じて『初任者の立場に立つ』,『メゾ・マクロ実践への焦点化』,『対話を通した事例検討』というヴァリエーションを持って，参加型評価をSVに応用し，SSWerをエンパワメントしている。

　『初任者の立場に立つ』とは，'SSW領域の経験が少ないSSWerの立場に立って，学校教育領域をフィールドとする際に求められるコンピテンスの強化のために，参加型評価を活用した対話に基づくSVを，SVrが実施すること' である。

(B15)「経験を重ねている方は，また重ねてる方でその深みっていうのが出てくると思うんですけど。(SSW事業プログラムを) 使おうと思ったのは，(初任者に) やっぱり枠組みを見てもらいたいっていうのとですかね。自分の目の前の子どもとか保護者だけに一生懸命やっててそれでOKと思ってる。それではないっていうか。そこでうまくいかないと思ってるのは当たり前だよね，というようなところを」

(G33)「自分がケース会議とかをする前の準備として "何が必要だと思う？" みたいな話をした時とかに，具体的に言葉がなかったりした時に，"これ (SSW事業プログラムを) ちょっと見てみましょう" みたいな感じで見てもらって。"こういう項目も参考にしてみたら" と」

(FNV1)「3人のSSWerが学校アセスメントの項目を参照し，現在の困り感を共有。その省察の結果，"ケース会議で先生方があまり話をしない。そこに管理職の先生をどう巻き込んでいくか。その件は担当の先生に話しておいて，と言われないようにするためには" という内容で，管理職へのアプローチ方法を検討し共有する」

　〈主体性を生み出す〉に基づいて参加型評価の意味と目的を共有しながら，この〈文脈に応じて広げる〉では，SSWerの状況や文脈に応じて参加型評価を活用したSVを多様化させて対話をつくり出し，SSWerをエンパワメントし

ている。

そのうち，初任者の立場に重点化したSVが『初任者の立場に立つ』である。活用事業では，社会福祉関連の有資格者は全体の半分程度であり（文部科学省2017a），退職教員や臨床心理士など，多様な人材が採用されている実態が示されていた。別領域にてSW経験のある人材も含め，SVrは，SSW領域での経験が浅い初任者の立場に立って，学校教育領域での実践を展開する際に求められるコンピテンスの強化を目的に，SSW事業プログラムを介して，学校に入る際の準備や対策に関する対話をSVで試みていることが，上記の語りから読み取れる。これは，他領域である学校をフィールドに「二重の機能」を実践するための実質的なスキルを向上させる重要なSVである。そのために，子ども・家庭へのアプローチだけではなく，教育委員会へのアプローチ，学校組織へのアプローチ，関係機関へのアプローチという広がりとバランスが重要になることを，相互に確認し合うよう努めていると言える。

特に，FNV1の語りは，学校組織に対するアプローチのなかでも，SSWerが最も始めに取り組むべきとされる学校アセスメントに重点化した内容である。このような対話を通したSVにより，SSWerは，学校組織を理解する下地ができ，学校組織という環境に介入するコンピテンスが整うものと考えられる。

この『初任者の立場に立つ』を含む〈文脈に応じて広げる〉を進めていく際，SVrは，SSWerの経験やスキルを考慮した上で，それぞれのSSWerの持つニーズとストレングスの把握に努め，事業体制全体における課題とマッチングさせ，SSWerの立場に立って何を優先してエンパワメントしていくかを識別していく力量も，SVrに求められているとも考える。

『メゾ・マクロ実践への焦点化』とは，'ミクロだけではなく，メゾ・マクロの実践が進展するためのSVを，SVrが参加型評価を活用して実施すること'である。

(H6)「もっとミクロだけじゃなくて，メゾとかマクロのところのところも動

かないと駄目だよねっていうのに気付かされるというか，そういうSSWerとしての本分を思い出すのに役に立ってたんじゃないかな，とは思いますね」
（FNX5）「効果的援助要素を参照し，校内でSSWerが活用されやすい仕組みづくりについてグループ検討している。"「気になる子リスト」を作成して，定期的に更新を行いながら，職員会議で全員に見てもらう。毎月更新する。担任，教科も皆，公務ソフトに入力してもらう"，"「気になる子ボックス」に入れて，1ヶ月1回スクリーニングかけて，振り分けを行う。SSWerと担当と管理職と"などのミクロとマクロ実践が検討されている」

　SWにおけるミクロ・メゾ・マクロという領域は固定されたものではなく，SWerは，ミクロ・メゾ・マクロというシステム認識に裏付けを持ちながら，行動する主体として，システム間，領域間の垣根を越える力量を持つことが期待されている（野村 2015：33）。SSWにおいてもその課題は同様であり，参加型評価を活用したSVでも，この観点が重視されていることが分かる。それぞれの領域を俯瞰し，全てのシステムに働きかけることができるSSWerとしての資質とは何かについて対話しようとするSVrの意図と働きかけが，上記の語りとフィールドノートに示されていると言える。
　また，この行為を支えている主な基盤は，全プロセスを通した影響要因の『ミクロとマクロの複眼的視点』をSVrが獲得していることにあると考える。

　『対話を通した事例検討』とは，'参加型評価を対話の枠組みとして活用し，事例検討を対話に基づいたSVとなるようSVrが取り組むこと'である。

（B13）「一般的なアセスメントシートに事例の概要を書いてきてもらうんです。で，それを事前にチェックをして，いつもその（実施）マニュアルを使う前なんですけど，このケースで学びたいこと，困っていることに優先順位付けさせてと，事前に調整をするんです。SSWerと。このSVでは，（実施）マニュアルを使ってどこに焦点を当てて（事例検討を）展開していくかを，事例提供者

と事前に行う」

(E17)「やっぱり援助要素にあの立ち返るのはすごく大事で，あの自分の実践
が，どうだったかというのを項目，その援助要素のなかで確認していくことが
すごく事例検討には役立つなと思いました」

　研修体制や情報共有システムが整っていないために，単独で判断し行動しな
ければならない機会が多いSSWerにとって，困難に感じているケース検討に
よるSVへのニーズは高いと考えられる。先行研究におけるSV体制の動向調
査でも，事例報告に対する検討および助言が，SVでは最も一般的となってい
る（門田ほか 2013：82）。その一方で，参加者に情報処理のスキルが不足してい
る場合には，事例検討が単発的な質問の応酬に終始し，感想や意見を繰り返す
だけの場となり，思考の積み上げに至らないこともある（黒木 2015：250）。こ
のように，事例検討では様々な私見の対立が交錯し，事例提供者が傷つくだけ
で終わってしまうという問題も，これまで指摘されてきた。
　事例検討にはこのような課題も内包されることを踏まえて，SVrは，SSW
事業プログラムの示す実施マニュアル（第2章第1節注3参照）の該当項目につ
いて，SSWerと事前に議論するなかで，事例検討における参加型評価の活用
目的と意義を共有している。こうして，焦点が拡散してしまいがちな事例検討
に対して，一定の枠組みを拠り所とした対話によって検討できるようSVrが配
慮していることが，上記の語りから推察される。また，事例検討をする際に議
論すべき共通の視点をあらかじめ提示することによって，事例提供者も参加者
も対話の方向性を明確化でき，建設的な意見集約の場となる可能性があること
も，上記の語りは示唆している。

（5）〈評価の習慣化とエンパワメント〉（SVrの行為）図3-4のC
　〈評価の習慣化とエンパワメント〉として，SVrは，福祉の専門用語を教育
現場に合致した理解とするための『認知される言葉に置き換える』こと，SVr
とSSWerとが『対等に学習し合う』こと，SSWerが価値ある存在であること

にSVrが信念を持つ『SSWerの強さを信じる』ことによって，エンパワメントを目指す参加型評価に基づくSVをSSWerと取り組む。

しかし，非常勤のSVrには『SV形態による限界』という制約の課題もある。

『認知される言葉に置き換える』とは，'福祉の専門用語が教育の視点からはどのように見えるかをSVrが汲み取り，教育現場の状況に合致するよう翻訳すること'である。

(E20)「退職校長の先生で，私のほんと師匠って呼べるような先生がいて，その先生からすると，"あなたがこういうふうな意図を持ってやりたいって思っていることは，学校からはこう見える。それはとても痛いことだからやめなさい"って言われて。あの（効果的）援助要素のかみ砕き方，自分のなかでの砕き方っていうのも，実はすごく大切なこと。でも，プログラム理論があったからこそ，そういったかみ砕きができる。本当はこっち（のアプローチ）をやりたいんだけれど，学校現場はこう（いう状況）だから，こういうふうに落ち着いていくっていう，そのバランスを自分で取ることができる」

(F14)「"学校に伝わりやすい言葉はこうかな"とか，"この言葉だと反感を得るよね"とか。私がこのSSW事業プログラムづくりに関わるということを（元教員のSSWerが）知っていたので，協力してくださりながら，その（効果的援助要素の）文言について，もいろいろ学校側の立場の人として意見をくださった」

社会福祉では基本的な「アセスメント」という用語を一つの例に取っても，教育現場においては馴染みがなく，理解しがたい専門用語として捉えられることが一般的である。そこで，上記の語りにあるように，SVrは，SSW事業プログラムの示す福祉的な専門用語が，教育の視点からはどのように見え，解釈できるのかについて，教育委員会担当者や教員と確認し合っている。これにより，SSWerにフィードバックする際，そこで得た知見を基にSVrなりに翻訳

し変換して伝えることができるようになると考えらえる。この相互作用を，E20の語りでは「かみ砕き方」という表し方で示していると言える。

　このSVrによるバックアップによって，SSWerも，SWにおける専門用語に固守するばかりではなく，時には教育の視点と福祉の視点を勘案しながら，学校現場で理解されやすい用語に置き換えることが可能となるだろう。そして，SSWerの考えるアプローチがまだ学校現場では十分には理解されず，かえって逆効果になると推測される場合は，それを一旦保留して別のアプローチを試みるなどの，柔軟さと応用範囲の広さが生み出されるものと考える。

　『対等に学習し合う』とは，'SVrとSSWerとが，参加型評価をSVの対話のツールにして，対等に学習し合うこと'である。

(E13)「SSWerと2人で"私たちここらへん（の効果的援助要素が）弱いけどどうする"っていう話をした。障壁分析ですよね。"何でこれができないんだろう？"っていうところをやって，"じゃあ，どうしよう？"っていうことをやっていった。2人だからなかなかワークショップとは言いづらいんだけど，ほんとに普段の話し合い自体がワークショップなんですよね。それは，援助要素の読み合わせだったり，障壁分析だったり，その時々に違うんだけれど，私が意図を持ってやっているんですよ」

(F12)「学校の先生だった方もちょうどSSWerとして入ってたので，私と一緒にこのSSW事業プログラムを使う練習をしていたので，二人で話し合いながらSSW事業プログラムに支えられて，（SSW事業プログラムを）つくっていく過程に支えられて，自治体の仕組みをつくっていった」

　上記の語りから，SVrは日常的に参加型評価をSVに参照し，SSWerの困り感を受け止めながら，実践省察に活用していることが分かる。その際，SVrは権威的な指示とならないよう，対等な立場で，一緒に「読み合わせ」や確認をし合うことに留意している。こうした働きかけが，『自身と事業のために評価

を促す』ことと同様に，外部評価されていると捉えてしまうSSWerの誤解を防ぎ，参加型評価に含められた意味を読み解く，日常的で主体的なSVでの活用につながるものとも考えられる。

多様な実践家が参画することで開発されたSSW事業プログラムは，これまで見てきたようにSVrとSSWerとが互いの視点や考え方を共通確認し合うための一ツールとして機能していると考えられる。SVrは，自身の依拠する学問背景に基づき，その視点や経験を中心としたSVを実施する場合が少なくない。先行研究における福山（2005：251-252）の調査でも，SVrが自身の専門性とSVeの専門性の比較に敏感になり管理的機能を用いると，SVeは自律性を発揮できず，業務満足度も低いものとなることが示されていた。参加型評価をSVの対話ツールとしての媒介物にすることによって，SVrとSSWerとが対等な関係で実践を俯瞰し，捉え直すことが可能となっていると考える。

しかし，このような日常的な働きかけが実現できるSVrの配置・雇用条件として，SVrがSSWerと同じ教育委員会の所属であり，SSWerと行動を共にできる勤務日数が保証されていることが必要となる。本研究における調査協力者は，教育委員会の所属が7名で，外部委託者の3名に比べて多い。そのため，このような日常的な活用に関する語りが示されたものと考えられるが。しかし，後述する『SV形態による限界』という，非常勤的雇用による限界が示されていることも事実である。自治体によっては，SVrを外部委託する場合が少なくないため，その場合には，定期的な連絡会や研修会などを利用して対等な学び合いに取り組み，実践省察を習慣化させる創意工夫が求められる。

『SSWerの強さを信じる』とは，‘SVrが，SSWerが価値ある存在であることに信念を持っていること’である。

（E18）「あるSSWerが，これはできないと思いこんでいたのが，うちは結構オープンなので，自分のあの，チャートごとに（実施マニュアルの取り組み結果を）みんな出せるんですね。で，あるSSWerが“私ここできてないんだよね”っ

て言ったら，"援助要素見たらさ，こことこことこれって，あのことじゃない？"
って"やってるよ，やってるよ"って。"あ，私やってた"みたいな。ああい
う気づき」
(G15)「(SSWerが) いるだけで環境は変わるのだから，い続けることが大事
なんだよ，みたいな話をしたり」

　上記の語りでは，参加型評価をSVに活用して自己評価に取り組むなかで，
SSWer同士がオープンに自己の省察内容を開示できるようになっていること
が分かる。それを可能にしているのが，SSWerのストレングスと存在価値を
信じるSVrの姿勢にあると考える。そのような全面的な信頼感と拠り所がある
からこそ，SSWerは自身の実践の意義を再確認し，自分自身を再定義し，周
囲から承認されて，エンパワメントされることにつながるのである。
　以上の【対話を通した協働の産出】は，教育委員会担当者とSSWerによる
理解のもと，SVrを含む3者が協働することによって展開できるのであり，決
してSVrだけの力量で取り組めるものではない。したがって，【対話を通した
協働の産出】をするSVでは，事業展開の文脈に即した「自分たちの評価」過
程であること，参加型評価はあくまでSVの一手段であり，その目的は対話と
協働によるエンパワメントと事業体制の変革にあることを，全ての関係者が共
通理解した上で進めていくことが不可欠であると考える。

　『SV形態による限界』とは，'非常勤のSVrによっては，SV機会に限りがあ
るため，参加型評価をSVに活用するまでの余裕がない状態にあること' である。

(B15)「全部が全部できないわけですよね。グループSVなので，個別ではな
いので」
(H10)「SVrといっても年がら年中付いているわけにはいかない。だから，そ
の (効果的援助要素の) チェックリストも紙ベースでもう全員渡してあるので，
それを見ながらやってもらって，学期のまとめにそれがどのぐらいできたかを

見てもらう。ただ，現場レベルで，その都度その都度，見てるかって言われた
ら，それは見てないのかな。そんなにまだ使いこなしているところまでいって
るとは思えない」

　SVrの雇用条件は，常勤職としての雇用形態のほかに，非常勤職として，単
発的なSVのみを依頼される形態も存在する。特に，大学教員など，SVrがほ
かの職務を兼務している場合は，上記の語りのようにSV機会が制限されるこ
とがある。限られた時間を有効活用するために，事例検討を主とするグループ
SVの形態を採ることが，最も一般的である。よって，『対話を通した事例検討』
方法を用いることも重要であるが，先述した通り，SSWerとの事前準備や共
通認識にも時間を要するものである。情報共有体制がもともと不足している場
合には，近況の報告や喫緊課題の確認などが優先されることもあり，SVの形
態による制限によって，参加型評価のSVでの活用が困難な場合があることも
十分に考えられる。このような場合は，『研修を糸口に協働を探る』のなかで，
どのようなSV体制の整備が求められているのかを再検討することが必要である。

3.〈評価研究への参画を継続する〉（影響要因）図3-4のD

　〈評価研究への参画を継続する〉では，SSW事業プログラム研究への参画を
継続し，時間をかけて『熟考し議論を続ける』ことを積み重ね，深めていく。
そして，その参画においてワークショップを協働開催して，現場に活用できる
確信を持つ『評価ワークショップによる見通し』を確保する。これらが【対話
を通した協働の産出】に影響している。
　しかし，SVrがSSW事業プログラム研究への参画経験が少なければ，参加型
評価と現場での実践との関連性が見えず『評価が腑に落ちない』状態ともなる。

　『熟考し議論を続ける』とは，'SVrが，SSW事業プログラム研究会への参
画を継続し，時間をかけて議論して理論的な理解を深めていくこと'である。

（E19）「でも，（長くかかったSSW事業プログラム理解は）やっぱり私は必要な時間だったな。私が（具体的な活用イメージを）描けなければ，先は描けない。自分自身が描けるっていう所まで納得できるところまで時間がかかった」

（F10）「教育の業界を下に見ているんじゃないかっていう意見があったり。その（SSW事業プログラム研究）会に参加しながら，帰ってからもずっと（教育委員会担当者と）議論を続けているような何年間かでしたよ」

　参加型評価の特徴や意義への理解は，実践指針として最も分かりやすく示された実施マニュアルを機械的に実行することで得られるものではない。第1章第3節の先行研究において言及した通り，参加型評価とは，評価に関わる人々のエンパワメントを目指し，自分たちの実践を「対話」と「合意形成」を通して見直し改善する評価形態である。ある社会課題の解決に貢献するために何らかの活動や制度設計として組み立てられたプログラムに対して，評価の知識・技術を持つ専門家が，その専門家集団のみならず，プログラムに関わりのある人々を巻き込み，共に評価を行う形とされる（源 2016：5-22）。プログラムを見直し，発展させるための評価に関するアプローチ法についての理解をはじめ，効果モデルの設計図にあたる理論構成や，効果モデルの骨格を形づくる効果的援助要素，効果モデルを実践現場に適用するための実施マニュアル，効果的援助要素が適切に実施されているかどうかをチェックし，モニタリングするための尺度，プログラム・ゴールとその実現を把握するための効果指標・尺度などが，理解すべき重要な要素になっている（大島ほか 2012）。

　SVrは，これらの要素を研究結果として受け取るだけではなく，開発の意図や研究プロセスを理解し，評価の理論と実践そのものの意義と方法を学び，SVへの効果的な活用方法について時間をかけて継続的に議論していることが，上記の語りにより示されている。したがって，これらの理解のためには，SVrが実践現場でのSVへの活用を具体的にイメージできるまで認識を成熟させる時間が一定程度必要となると考える。

『評価ワークショップによる見通し』とは，'SSW事業プログラム研究会が開催した評価ワークショップに体験的に参加した経験から，参加型評価を実践現場に活用できる見通しをSVrが持つこと'である。

(E2)「(評価) ワークショップで初めて評価という言葉の意味を知ったんですね。私，ファシリテートはあちこちである程度やっていたんだけれども，そのワークショップは全く違うファシリテートだった。よくよく聞いたらそれが評価ファシリテートと言うのだと。面白いなと。評価ファシリテートのワークショップをやっていくなかで，インパクト理論に (理解が) 落ちていく様子を見ながら，このSSW事業プログラムが間違いないんだなと確信した。そこで，ようやく私の気持ちが動いた。それまでは本当に学ぶばかりだったんですね」

(G26)「そういう場 (ワークショップ) に行ってもらってイメージができたのが，研修のマニュアルの中身っていうより，あの時の研修が，SSWerと教育委員会が一緒に並んで話をしているのが (教育委員会担当者は) すごく新鮮だったみたいで。"あんなのがいいんだろうな"みたいな。それで，教育委員会担当者と私とで，指導主事会にて指導主事の先生を全部集めての研修が毎月されているので，その前に1回 (ワークショップを) やってみようと」

　上記の語りには，SSW事業プログラム研究会が主催した評価ワークショップに体験的に参加することから，実践現場でも同様の評価ワークショップを軸に，参加型評価をSVに活用していけるのではないか，という有効的な感触と見通しを得たSVrの経験が示されている。

　評価ワークショップとは，『参加型評価に行き着く』(Ⅰ期) において述べたように，多様な経験と知識を持った人々による討論を通し，相互の意見の相違を踏まえた「意見の再形成」を行い，当事者としての立場から主体的な関わりと価値判断が求められる場である (源 2015：38)。つまり，E2の語りにあるように「それまでは本当に学ぶばかりだった」受動的なSVrは，評価ワークショップに参画することで，当事者として主体的な関わりと価値判断を行う能動性

を得たものと考えられる。ここから，自治体の実践現場におけるSVへの活用の動機付けとなる〈評価目的の共有〉を見通せる状態となったことが考察される。SVrは，このような場での意見交換を通し，自らの所属する自治体に成果を持ち帰って議論することを続けることで，実践現場での具体的なSVの見通しをより収斂させていくことができるものと考える。

『評価が腑に落ちない』とは，'参加型評価と現場での実践との関連性が見えず，SVへの活用の見通しが見えないSVrの状態のこと'である。

(A7)「(プログラムに示された) 理論は，非常に難しかったですね。文言が，常に難しいですね。私は県の第三者，福祉サービスの第三者委員とかするんですけど，現場の人というのは，特に私は第三者委員で評価するときに，パンフレットや説明書が読みやすく書いてあるか，いかに専門用語使っていないかを指導するんですよ。(それに比べると) 対極のような文書に，訳がわからなかったですね。だから，現場のSSWerとかは，ちょっと面食らうでしょうね」
(D7)「(実施) マニュアルの行動項目だけ目で見ても，分からない部分があるんですよね。その枠組みの調査やニーズ調査の部分が，そのSSWerの人たち皆さんの現場での実践とですね，何かリンクしたらという思いです」

〈評価研究への参画を継続する〉の『熟考し議論を続ける』と『評価ワークショップによる見通し』という積み重ねを十分に踏まなければ，参加型評価を実践現場でSVに活用する関連性を理解することは困難になる。そのため，エンパワメントと事業体制の改善のためのSVツールとして，現場における実践にどのように活用できるかが捉えられず，上記の語りのように，評価に関する理論に対する苦手意識や嫌悪感が大きくなるものと考えられる。
　このような障壁を乗り越えるための原点は，Ⅱ期の【対話を通した協働の産出】をするSVにおいて，参加型評価のSVへの活用の意味と目的をいかに共有できるかに尽きると考える。そのためには，先述の通り，参加型評価はあく

までSVの一手段であり，その目的は対話と協働によるエンパワメントと事業体制の変革にあることを，全ての関係者が共通理解できるようなSVrの働きかけが重要となることは，いくら強調してもしすぎることはない。

しかし，日本において参加型評価が根付いているとはいえない状況が存在している。そもそも，税金などの社会的コストを投入して問題解決を図ることに対し，解決すべき社会問題や社会状況がどの程度解決し改善されたかについて，重大な社会的関心が払われるべきであるが，日本の福祉プログラムでは，このような緊張関係が乏しく，評価研究が必ずしも十分に社会的市民権を得ているわけではない，という指摘もある（大島 2016：272）。

したがって，Ⅱ期で示されたプロセスを十分に経たとしても，参加型評価をSVに活用することがなかなか進展しないという場合も想定される。そこで，SVrは，【変革推進を支える価値】に基づいて，自身の取り組みにおける成果と課題を抽出し，日本における参加型評価研究が進展しない要因をも分析して，その解決のための提言を社会に発信していくことも必要であると考える。

以上の【協働から対話を生み出す】SVを総括すると，まず，SVrは，事業体制を変革するに当たって，SSWerをエンパワメントする研修体制を整備していくことが，教育委員会とSSWerが協働するための接点となり，糸口となるのではないか，と認識していた。そして，Ⅰ期における教育委員会とSSWerが課題を共有するという関係性をさらに進展させるSVを進めている。つまり，教育委員会がSSWerをバックアップする新たな研修体制が，2者の協働を進める「潤滑剤」となるとSVrは捉え，その研修体制の開発を教育委員会担当者に働きかけている。そして，教育委員会担当者と対話を重ね，教育と福祉による協働の視点で構成された研修を開発している。それを基にSSWerとも対話を通したエンパワメントに基づくSVを進めている。以上のようなSVプロセスが特徴として示された（図3-5）。

図3-5　Ⅰ期からⅡ期におけるSVの特徴

第4節　Ⅲ期：SSW体制の構造的変革をするSV

　本節では，SSWerをエンパワメントし事業体制を変革するSVプロセスの後期にあたる，SSW体制の構造的変革をするSVの分析結果と考察を述べる（図3-6）。Ⅱ期において，SVrは，教育委員会担当者と対話を重ねSSWerをエンパワメントする研修体制を構築し，SSWerとも参加型評価をSVに活用する目的と意味を共有しつつ評価を習慣化してきた。この蓄積を基に，活用事業の管理運営主体である教育委員会担当も事業評価に取り組めるよう，SVrはアプローチしている。これらの成果を発信することから，教育委員会担当者とSSWerとの協働体制の再構築を進め，教育と福祉の協働体制に変革するSVを実施している。

1.〈マクロ的に事業を見る〉（SVrの認識）図3-6のA

　〈マクロ的に事業を見る〉では，参加型評価を活用したSVが事業体制のなかに位置付けられるのではないかという『評価への有効的感触』を持つ。そして，SVrは，研修体制だけではなく事業体制全体の変革を，教育委員会と協働で取り組むことが必要であるという『事業変革への意志』の認識を持つ。

　『評価への有効的感触』とは，'参加型評価を活用したSVが事業体制のなか

に位置付き，より多くの人々と評価活動を共有できるのではないか，という
SVrの感触'である。

(C1)「できていないと悩んでいるのはここ（のプロセス）だなとか。こんなこ
とを頭のなかに置きながら，こう（プロセス理論に振り返ることを）言うと結
構整理ができてくるのではないかな，と私が思って。みんなと，みんなでやっ
てみたいなと思った」

(G10)「どうしても個人，一人職場で，個人裁量での動きが多くなっていると
ころがあるので，基本となるものはきちんと，枠というか，設定できていたほ
うがいいんじゃないか，というところがあったかなと思いますね」

　【対話を通した協働の産出】（Ⅱ期）が軌道に乗ることから，SSWerに対して
個別的に支援することに加え，活用事業全体のなかで関係するより多くの人々
と参加型評価を活用したSVを共有できるのではないか，という前向きな認識
に移行している。上記C1とG10の語りは，参加型評価に取り組むことによっ
て，一定程度の実践の質の向上が実現できることに有効的な感触を得たSVrが，
より多くのSSWerや教育委員会担当者と評価活動を共有できるのではないか
という，積極的な認識である。これは，Ⅱ期において〈接点が見つからないジ
レンマ〉を抱えていたSVrの認識が，一歩前進したことを示していると考える。

　『事業変革への意志』とは，'研修体制だけではなく事業体制全体の変革を，
教育委員会担当者と協働で取り組むことが必要であるという，SVrの認識'で
ある。

(F9)「事業の内容をわかっていただいたり，研修を組んでいったりすること
は組織の理解がないと無理だと思っていたので。それがあったので，ためらい
もなく指導主事さんと一緒につくり上げる事業だと思って」

(C8)「今年も（時給を）上げようと思っていろいろ資料を準備しているけど，

第3章 分析結果と考察 113

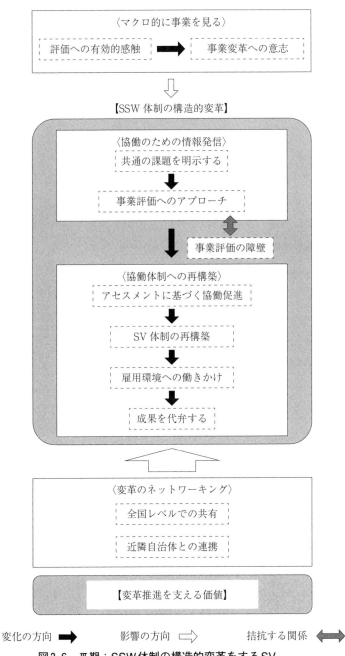

図3-6 Ⅲ期：SSW体制の構造的変革をするSV

財政のところで"ダメ"と認めてもらえないと（教育委員会担当者から）言われている。そのためには，こんな（子どもや学校の課題の）状態がSSWerによってこうなる（改善する）のかという，そんな可視化できるような資料を（教育委員会担当者と）一緒につくらなければと思っているんです」

　次に，SVrは，SSWerの置かれている雇用環境やSV体制，事業評価のあり方などを含めた，事業体制の全体的な改善に着目するようにもなっている。C8の語りでは，事業体制そのものを可視化するための評価のあり方を教育委員会担当者と共に学ぶ必要性が示されている。このように，SSWerへの研修体制だけではなく，事業体制の全体的な整備や改善への働きかけがSVにおいて必要であるという認識に移行しているものと考えられる。

　また，C8の語りにあるように，事業体制のなかでも重要となる要素の一つであるSSWerが置かれている雇用環境は，第1章で言及したように，非常に厳しい現状である。全国調査による給与の平均額は，時給3,000円，月給226,000円という金額が示されており，社会保険がない割合が54.7％，交通費の無支給が18.7％にも及んでいる（土井 2016：17-21）。また，先行研究でも，専門職としてではなく有償ボランティア化してしまうこと，全国的な拡大政策に反して劣悪な条件下での就労を希望するSSWerが少ないことへの危惧が指摘されていた（山下 2016：14-15）。

　このような内容を含めた事業体制改善のためには，Ⅱ期において，研修体制の構築を教育委員会担当者と協働して進めてきたことをさらに進展させ，SSWerの置かれている実態やSSW実践による効果を可視化する協働作業が必要であるという認識が，上記C8の語りから読み取ることができる。このような認識を持つことが，教育委員会とSSWerの協働を進め，事業を協働体制へと変革することに向けた次のSVrの行為に影響していると考える。

2.【SSW体制の構造的変革】

　参加型評価から明らかになった課題を基に〈協働のための情報発信〉を行い，教育委員会担当者とSSWerとが協働や分担で取り組める体制基盤をつくり出す〈協働体制への再構築〉を進めていくのが【SSW体制の構造的変革】をするSVrの働きかけである。

(1)〈協働のための情報発信〉(SVrの行為) 図3-6のB

　〈協働のための情報発信〉として，参加型評価によって明らかになった事業課題に対して，教育委員会担当者とSSWerとが協働で取り組めるように『共通の課題を明示する』働きかけをSVrが行う。また，活用事業の管理運営主体である教育委員会も事業評価に取り組めるよう『事業評価へのアプローチ』を試みる。

　一方，参加型評価を活用した事業評価を試みたものの，理解が得られずSVでの活用が進まない『事業評価の障壁』が生じる場合もある。

　『共通の課題を明示する』とは，'参加型評価を活用したSVにより明らかとなった自治体の活用事業の課題を，教育委員会担当者とSSWerとが協働で取り組めるようSVrが提示すること'である。

(E12)「(評価) ワークショップ (実施) を受けて，活用事業で取り組むべき最優先項目を決めて行ったんです。(教育委員会の事業運営指針である) 目標設定に関するものを私が読み込んで，教育委員会担当者の上司に対して，こういうことが必要なんだよと伝えていったんです」

(C7)「例えば社会資源を調べてみんなが活用できるものをつくるとか，ここにはこんな (有効な資源としての) 人がいるよ，とかいう，ちょっとしたものをまとめる。とにかく (教育委員会とSSWer) みんなでお互いの情報を出し合いながら，活用のできるツールができるといいなと考えている」

(G27)「"SSWerと一緒に話をしながら体制づくりをお願いします"みたいな話を（研修会で教育委員会担当者と）二人でして終わりました。その時に，教育委員会担当者の上司からは，"実際にSSWerの視点を，指導主事の先生が持てるようになる場をつくったらいいよね。そういうワークできたらいいね"みたいな話も出てきた」

　上記E12の語りは，教育委員会担当者も参加した評価ワークショップ（第2章第1節注2参照）での成果を，その後も実践の場で共有し続けようと，SVrが試みているものである。つまり，評価ワークショップで得られた自治体における活用事業の課題を，事業運営主体である教育委員会がどのように受け止め，今後どのようにSSWerと共有して，事業ビジョンを形成すべきかについて，その認識を持つ必要性を促していると言える。

　C7の語りでも，参加型評価を活用した研修会のなかで提案された社会資源活用方法に対して，地域において社会資源が活用されるためのツール開発を，教育委員会担当者にも関与してもらいながら協働で取り組もうとする，SVrの意図が読み取れる。G27の語りにおいても，研修会で明らかになったSSWの視点について，教育委員会担当者がいかに獲得すべきかを喫緊の課題と捉え，協働で取り組もうと働きかけを行っていると言える。

　このSVrによる働きかけは，教育委員会担当者とSSWerが共通の目標を確認できるようになるための準備的なアプローチであると考えられる。これによって，以降の，教育委員会担当者とSSWerとによる協働と分担内容が明確になる『アセスメントに基づく協働促進』の動きへと移行できるものと考える。

　『事業評価へのアプローチ』とは，'教育委員会担当者も参加型評価を活用した事業評価に取り組めるよう，SVrが働きかけること'である。

(C6)「今年，私がやったこととしては，教育委員会の担当者にも，教育委員会の担当分の（事業評価の）チェックをしてほしいと思っていたので，まず義

務教育課と高等教育課とにお願いに行った」

(H12)「担当指導主事も，"こういうの（事業評価のインパクト結果）があると数値化されたものだから，いろいろ財務のほうに言っていくときにも言いやすい"ということはおっしゃっていて。来年度，やり方をもう少し，そういう形でも使えるようにできたらいいなと」

　第2章において先述したように，SSW事業プログラムにおける特徴の一つが，SSWerの実践プロセスを明らかにしたことに加え，教育委員会担当者などの活用事業管理運営者向けに，事業運営が効果的に展開するための事業計画プロセスを明示していることである（山野ほか2015）。つまり，他領域である学校をフィールドに，子ども家庭を援助することと学校の応答性を高めることの「二重の機能」を持つSSWerを支援すると同時に，事業体制をデザインしていく教育委員会担当者にもアプローチする手法を採用している特徴を有する。しかし，SSW事業プログラムのSVでの活用例の多くが，SSWerによる実践省察のための取り組みに占められている（スクールソーシャルワーク評価支援研究所2016）。【対話を通した協働の産出】（Ⅱ期）においても，あくまで教育委員会担当者は，SSWerに対する研修体制整備をバックアップする側としての役割を果たすことに比重を置いている。

　そこで，この『事業評価へのアプローチ』よって，教育委員会担当者側の事業運営計画においても，SSW事業プログラムに対する参加型評価を活用し，活用事業の設計を省察し，改善していくことの必要性をSVとして働きかけている。本来，活用事業の管理運営に関する設計に関するアプローチは，事業デザイン全体に影響するため，『活用困難な構造の見立て』（Ⅰ期）である初期の段階に取り組むべきとも言えるかもしれない。しかし，参加型評価を活用したSVの理解を一つずつ浸透させてきたこれまでのプロセスを経て，その成果や課題を実際的に示すことができるこの段階だからこそ，SVrは，『事業評価へのアプローチ』を実行に移すことができているものと考える。

『事業評価の障壁』とは，'参加型評価を活用した事業評価を試みたものの，理解が得られずSVへの活用が進まない障壁が生じること'である。

(C5)「ですけど，（効果的援助要素）項目の理解や，それをどうやって活用するかという習熟度というのか理解度というのか，それはものすごくバラバラだと思います」

(F42)「あまりSSW事業プログラムの普及ばかりに目が行って，そこばかりというのにはすごくつらさを感じていて。そこ（普及）だけがうまくいったと取り上げられていくのもやっぱり違うと思う。その自治体の理解をどうするのか，とか。この（SSW事業プログラム研究の）成り立ち自体がそうだったはずなので，最初のスタート自体がね。そこを忘れないSSW事業プログラムにしていただきたいなと思うし，何度でも見直しをかけてってほしい」

　上記の語りからは，参加型評価の習慣化が進む一方で，SSW事業プログラムの効果的援助要素の理解度に差が生じたまま，SSW事業プログラムの普及に力点が移行してしまうことへの危惧が示されている。このような障壁が生じた場合は，F42の語りにあるように，SSW事業プログラム活用の目的を再確認する『自身と事業のために評価を促す』（Ⅱ期）に立ち返ることが求められる。一方で，このような『事業評価の障壁』は，プログラムそのものの内容を見直す契機となるとも考えられる（源 2015：40）。ネガティブな反応も参加型評価において好機ととらえ，SSW事業プログラムを精査し，さらにプログラムを収斂させ，発展させる原動力とすることも重要であると考える。

(2)〈協働体制への再構築〉（SVrの行為）図3-6のB

　〈協働体制への再構築〉では，SVrは，事業体制のアセスメントを通して，協働作業と役割分担を進める『アセスメントに基づく協働促進』を行う。また，実践の質の標準化を実現するための『SV体制の再構築』を進めていく。そして，SV体制の構築を基盤にSSWerの増員や待遇改善など『雇用環境への働き

かけ』も行う。さらに，SSWerが参加型評価に取り組むなかで見えてきた変化をSVrが教育委員会担当者に示し『成果を代弁する』。

　『アセスメントに基づく協働促進』とは，‘事業体制のアセスメントを通して，教育委員会担当者がSSWerと協働作業や役割分担を進められるよう，SVrが働きかけること’である。

(E13)「教育委員会へのアプローチに書いていることのほとんどを，1年間やってきた。SSWerがいったいどういうものなのかというのを，私が入るまで（教育委員会は）みんな知らなかったんです。だからその説明をした。その次の援助要素で，自治体の特徴も全部出したんです。貧困率，生活保護率など。そして，私たちが先に取り組むべき項目の抽出ですね。（すると）役割分担がケースごとにできるようになって，振り返りを受けてできるようになったんですね。アセスメントを指導主事と一緒にやっていくので，SSWer単独の行動で決してなくなったんですね。必ず指導主事と方針を決めて入る形ができたんです」
(A15)「“できてないところを何か考えよう，斬新なアイデアで”と言うと，みんな目が輝くんですね。“有名なデイサービスにみんなで一緒に行ってみよう”とか，“地域マップつくろう”とか。みんな目輝きますよね。指導主事も輝いてます。“新規事業だ”と言って」

　上記のE13の語りにあるように，SVrは，教育委員会担当者に対するアプローチを焦点化したSVを実施し，教育委員会担当者が持つSSWer活用に対するニーズをアセスメントした上で，SSWerの活動目標を定めている。そこから，教育委員会担当者とSSWerとが役割分担する事項が，次第に明確化させていくプロセスが読み取れる。そして，教育委員会担当者とSSWerとが，学校から依頼されたケースを協働でアセスメントする活動も生まれている。「1年間やってきた」とあるように，年間単位をかけて継続したSVをすることが奏功したものと考えられる。また，A15の語りにもあるように，SVrの働きかけに

よって，教育委員会担当者とSSWerとが協働して地域社会資源マップづくりが，実際に実現している。

以上のように，協働と役割分担に基づく体制が整備されていくと，〈困難状況にあるSSWerへの理解〉（I期）で起きていた「丸投げ」や「抱え込み」，責任転嫁の状態に陥ることが防止され，専門性による自律性と責任が発揮できる協働体制が形成されると考える。これは，『SSW特性の再認識』（I期）のなかでSSWer自身が孤立しがちな状態となることも防ぐと同時に，SSWerによる視点だけではこぼれ落ちてしまう課題を拾い上げ，全ての子どもを包括する学校と社会に向けた協働体制として機能することにつながるものと考える。

『SV体制の再構築』とは，'SSWerをエンパワメントするための常勤的なSV体制を，SVrが教育委員会担当者と協働で構築していくこと'である。

(F4)「自治体にSVrを置くという動きにやっとなった。SVrの業務が，担当が小・中・高，特別支援学校，私学に入るSSWerの全ての担当になるので，途中で補正予算を組んでいただいて，52週（の活動時間）になりました」

(B4)「（最もSSWerに近い）窓口の教育委員会指導主事を通して，義務教育課の担当主事や課長に働きかける。"全国では（SV体制が）こういう動きになっています。ここでは徐々にそろえてきているところですけど，これでは全然不十分ですので"というところを言ったり」

(D6)「SSWerが動きやすくなるために，自治体単位で支援が支えられる体制が必要。その意見や書類提出のかたちでまとめて（教育委員会への協議に）持って行った。（SVrとSSWerとの）グループディスカッションをして，教育委員会にまとめて意見を出す，お伝えするというかたちですね」

『事業評価へのアプローチ』によって，今後の事業体制のあり方に関する全体像が見直される動きが生じている。そのなかで，上記の語りのように，SVrは，研修体制の整備だけではなく，改めてSSWerを日常的に支えるためのSV

体制整備の必要性を，教育委員会担当者に対して働きかける。

　実際に，この働きかけを通して，SVrの常勤的配置が実現している報告もある。そこでは，SVrが教育委員会担当者と協働で，参加型評価に基づく年2回の定期的な省察的活動を通して，事業評価を数年間にわたって行っている。その結果，SV体制の構築が喫緊の課題として抽出され，それに向けた対策を行い，SVrの常勤的配置を実現している（渡邉 2016：137-153；福島 2016：173）。

　常勤的なSV体制が整備されることにより，SSWerと教育委員会担当者とが協働する体制づくりを進めるSVがより保証され，継続的で構造化されたSVが可能となる。また，【対話を通した協働の産出】（Ⅱ期）に対しても，成果と評価を適切にフィードバックし，その改善や発展に取り組み，研修体制をより充実させていくことも可能となると考える。

　『雇用環境への働きかけ』とは，'SV体制の構築を基盤にSSWerの増員や待遇改善を，SVrが教育委員会に働きかけること'である。

（H12）「人的配置の拡充を求めるためには，（今の体制では）できてないとこを示すのも大事かなと。それを数値的にも明らかにできればいいのかと。逆に，この人数ではできません，というエビデンス（を示していく）もいいかなと思っています」

（F34）「最初その（協働で構築した研修体制の）仕組みを組まれたのでとってもうまくいって，なんと来年そこは常勤化になりました。週5日勤務で，任期付きですけど，ボーナスも出るし。きっと3年経ったら自治体の正職員になるんじゃないんでしょうか」

（B5）「SSWerは，本人は，雇われている身だから（雇用条件のことは）言えないんですね。だから，私たち（SVr）がある意味，代弁をする。彼ら彼女たちの代弁をして，"今のままではみんな辞めちゃいますよ"と」

　『SV体制の再構築』が整備されていくと，様々な経歴や実績を持つSSWer

に対しても，一定の実践の質を確保できるためのバックアップ体制が用意されることとなる。その土台を基盤に，SVrは，SSWerの雇用条件向上や増員などを教育委員会担当者に進言していることが，特にF34の語りから読み取ることができる。また，SSWerにとっては非常に繊細で，表出しにくい課題でもあるため，SVrがSSWerの代弁をし，緩衝者・仲介者としてのSVrの役割も発揮していることが示されている。

　実際に，参加型評価を活用したSVの成果として，SSWerの大幅な増員と，教育職から福祉職への人材転換の実現が報告されている（渡邉 2016：136）。全国の中学校区に1万人のSSWerを配置するビジョンが打ち出されるなか（内閣府ほか 2014），SSWerを常勤的な配置形態に近づけていくためにも，上記のようなSVrによるエンパワメントに基づくSV体制が必要不可欠であると考える。

　『成果を代弁する』とは，'SSWerが参加型評価を活用したSVに取り組むなかで見えてきた変化を教育委員会担当者に示し，自治体の成果と課題として共有できるようSVrが代弁すること'である。

(C3)「"（SSWerによる実践成果を示した上で）年度初めに教育委員会でどんなことを考えていて，実態をどう捉えているのか"と教育委員会担当者に伝えた。すると，問題行動調査の結果や不登校の割合とか，その原因などまとめたデータを出してくださったんです」

(FNV3)「SSWerの5名が，1学期における実践状況を共有し合う。SSWerから"学校アセスメントなど，学校組織への働きかけのアプローチが困難だった"という振り返りがなされる。SVrは，その成果と課題を教育委員会担当者に示す。教育委員会担当者は，その学校の管理職のスタンスを推測し，"即効性を求められるが，（SSWは校内連携の）仕組みをつくることにメリットを感じることが大事"と助言する」

(FNX4)「SSWerは学校内における早期発見窓口としての体制づくりを，自治体の校長会で報告。教育相談担当の教員も月1回のスクリーニング会議の仕組

みづくりを報告。教育長から"学校だけで解決できないため，専門的なサポート必要。担任だけでは難しい困り感。全ての学校に共通。学校の窓口，一括管理，見立てが重要で，SSWerの人数の問題あるが，できるだけ活用すること"が総括される」

　『対等に学習し合う』（Ⅱ期），『SSWerの強さを信じる』（Ⅱ期）では，SVrは，参加型評価を活用したSVでの振り返りや強み，成果を，SSWerと共有していた。さらに，『成果を代弁する』では，これまでの取り組みよってもたらされた変化や課題を教育委員会担当者にSVrが示し，参加型評価を活用したSVに取り組んだ成果として代弁をしている。そして，そこから見えてきたものを，自治体の活用事業におけるさらに取り組むべき課題として協議することに発展させている。上記C3の語りでは，SSWerによる実践状況を振り返るなかで，自治体としての分析がさらに必要であるという課題が見えたため，SVrは教育委員会担当者にその必要性を代弁し，課題分析のためのデータ提供を受けるに至っている。また，観察場面のフィールドノートFNV3からは，学校アセスメントが困難に感じているSSWerの困り感を代弁し，教育委員会担当者からその対策方法を引き出している。さらにそこから，事業全体でシステムをつくっていく実践が自治体としての課題であることが共有されている。
　また，フィールドノートFNX4は，SSWerと教員とが子どもの生活課題の早期発見ができる仕組みづくりをメゾ実践としてどのように協働でつくりあげてきたかについて，自治体の校長会の場で成果を報告・共有しているものである。この企画は，SVrが，これまでのSVによる成果を可視化することを意図して，教育委員会担当者に成果報告会開催の必要性を働きかけて実現したものである。
　以上のように，参加型評価を活用したSVでの取り組みをSSW実践のなかで省察するだけではなく，その成果を教育委員会担当者や自治体関係者にマクロアプローチとして発信することで，自治体としての成果として共有し，事業としての課題として協議できるよう，SVrは意図的に働きかけているのである。

124

先述の雇用環境の改善を含め，SSWerとしての自律性や権限，職務規定など，専門職性に関するあらゆる側面を向上させていくために，実務的にも法的に整備すべき社会的課題に対して，SVrが中心となり取り組んでいくことも，このようなマクロアプローチを発展させることから可能になるものと考える。

3.〈変革のネットワーキング〉（影響要因）図3-6のC

〈変革のネットワーキング〉である，全国の実践家と学び合う『全国レベルでの共有』，これらの経験と実績をもとに参加型評価の活用を近隣自治体とも連携する『近隣自治体との連携』が，【SSW体制の構造的変革】に影響している。

『全国レベルでの共有』とは，'全国の教育委員会担当者やSSWer，SVrと刺激を受け合い，学びが深まるSVrの経験'である。

(E10)「（全国からたくさんの職種の）本当にすごいメンバーがいたんですよ。その人たちがこの実践はこうあるべきだという議論をされていて」
(B12)「やっぱり全国でこれだけいろんな人と関わり合いながら研究してる先生と，一緒にさせてもらうことでメリットも大きいだろうなと思った」

SVrは，全国のSSWerをはじめ，教育委員会担当者，研究者などと，参加型評価の活用方法に関する協議のほか，自治体の現状や活用事業のあるべき姿，実践方法，実践課題など，全国的な情報の共有を行っている。それによって，参加型評価についての知識を獲得するだけではなく，参画者同士の相互作用を通して自身の思考を収斂させる経験を得ていることが，上記の語りから読み取ることができる。

また，SVrは，教育委員会担当者に対しても，このような全国レベルでの研究会に参加するよう働きかけ，なおかつ，活用事業の管理運営側として，その成果と課題を報告するよう依頼している（スクールソーシャルワーク評価支援研

究所 2016：120-126）。こうして，SVrと教育委員会担当者は，全国的な交流の場で情報発信する機会を得て，改めて参加型評価を活用したSVの成果と課題を事業評価として整理することとなる。このような参加活動が，SVに関する創意工夫や戦略を伝え，その意義や課題を提供する能動的発信者として意識を醸成していくものと考える。

　こうして，全国レベルの参加者からのフィードバックも参考に新たな課題を得たSVrと教育委員会担当者は，自治体にその成果を持ち帰ることとなる。それらが，さらに自治体内で考察され，事業体制を見直す契機となると考える。このような情報発信とフィードバックの経験が，自治体における【SSW体制の構造的変革】に影響を与えているものと考える。

　『近隣自治体との連携』とは，'自らが所属する自治体内だけではなく，近隣の自治体にも参加型評価を活用したSVを，SVrが働きかけ連携すること'である。

（E20）「上司を通して，もしよかったら（SSW事業プログラムのSV活用は）どうですかというご案内を（隣の教育事務所に）すると，"やりたい"と言ったんですよね。その言葉はすごいよかったなと思っていて。やっぱり何かをしないといけない（と試行錯誤している）。実際にワークショップに参加させて，"これはいける"という感触を持たれてました」
（F32）「新規で（活用事業を）立ち上げる教育委員会が2つあった。そこにこれ（SSW事業プログラムのSV活用）を当てはめたんです。すると，組織計画とサービス利用計画を同時進行するというプランを立て，それで組織づくりをされたんですよ」

　これまでのSVプロセスによる成果を基に，SVrは，近隣自治体にも情報提供をし，事業体制を変革するためのSVの実施を勧めている。その際，教育委員会担当者も情報交換をして，参加型評価をSVに活用する意義と目的を共有

する工夫をしている。近隣自治体としての普段からの関係性が構築されていることも必要となるが，広域で動くことの多いSVrが，近隣自治体と接する別の機会を用いて，その都度，情報提供を心がけているとも推察される。

また，近隣自治体がその自治体の特性に即してSVに活用することで，活用方法にも多様性が生じる。それらの創意工夫を近隣同士で共有し連携することが，さらにSVにおける評価結果の活用を促進させるものと考える。このように，類似した地域性を持つ自治体同士が，その多様な成果を共有し合うことも，【SSW体制の構造的変革】にポジティブな影響を与えるものと考える。

このような，評価研究と実践の意義と方法を伝え，実施と普及を促進する人材を，支援し育成することも課題とされている（大島 2015b：11）。そのため，〈変革のネットワーキング〉は，参加型評価をSVに活用する人材をつなぎ，育てる重要な要素と言える。参加型評価を促進していく人材を支援し養成するために，広域で制度を整備する方途にも示唆を与えるのと考える。

以上の【SSW体制の構造的変革】をするSVを総括すると，まず，SVrは，Ⅱ期において研修体制の構築を教育委員会担当者と協働して進めてきた。これらをさらに進展させ，事業体制の変革のためには，SSWerの置かれている実態やSSW実践による効果を可視化する協働作業が必要であるという認識を形成していた。そして，SVrは参加型評価を活用したSVによって明らかになった課題を基に，教育委員会担当者がSSWerと協働作業や役割分担を進められるよう働きかけていた。以上の成果を代弁するマクロアプローチも行っている。こうした，SSW体制の構造的変革をするSVプロセスの特徴が示された（図3-7）。

図3-7　Ⅱ期からⅢ期におけるSVの特徴

第4章
結　　論

　SSWでは，子ども家庭や地域と学校とに同時にアプローチする「二重の機能」を特徴とし，社会福祉専門職が学校をフィールドとする際の軋轢や困難状況が数多く存在していた。そこで，本研究では，このような困難性を有するSSWが機能するために，SSWerをエンパワメントし事業体制を変革するSVプロセスを明らかにすることから，SV実践モデルを生成することを目的とした。そのため，筆者がこのSVに最も適合すると判断した，エンパワメントを目指す参加型評価を試行的に活用しているSVrに着目し，観察調査とインタビュー調査を実施した。そして，調査により得られたデータを，分析テーマ「参加型評価を活用したSVプロセスでは，どのようなエンパワメントが実践され，それがいかに協働を形成し，組織変革につながっているのか」という観点から，M-GTAよる質的分析を行った。その結果，事業体制を変革するSV実践モデルを生成した。

　本章では，結論として本研究の総括を述べる。まず，本研究で生成されたSV実践モデルのコア・カテゴリーに即して示された結果と意義についてまとめる。次に，本SV実践モデルが，3つのエンパワメントレベルに関連してどのような意義があるのかを示す。そして，SSW領域への示唆と意義では，本SV実践モデルが実践現場においてより活用されるためのSVツールを提示する。さらに，本研究のSW研究に対する示唆と意義を述べる（以上，第1節）。最後に，本研究の限界と今後の研究課題について，実践モデルの一般化，評価研究，SVの構造化の3つの観点から述べる（第2節）。

第1節　本研究の結果と意義

1．生成したSV実践モデルの結果と意義

(1) 組織体制を早期に見立てるSVの意義

　事業体制を変革するSV実践モデルにより示されたコア・カテゴリーに即したSVプロセスでは，先行研究でのSV理論やSVプログラムと比較すると，以下のような観点で新たな知見を示すことができたものと考える。

　まず，【パワーレス要因への着目】（I期）では，教育委員会に配属となったSVrは，SSW実践の持つ困難特性を認識し，事業全体を見立て始めていた。そして，教育委員会担当者の解決に対する動機を強め，事業の方向性を教育委員会担当者とSSWerが共有できるよう橋渡ししていることが研究結果として示された。

　先行研究において最も代表的な社会的役割理論に基づくKadushinのSVでは，組織の一員としてのSWerが重要視され，組織の目的に沿った支援レベルを確認する体制がSVの大前提となっていた。それに対して，生成したSV実践モデルでは，組織体制がSSW実践にどのような影響を与えているのか，事業管理側の教育委員会とSSWerとの関係性が，事業体制とSSW実践にどのような困難性をもたらしているのかなど，SVプロセスの初期段階で組織体制そのものをSVrが見立てることの必要性と重要性が新たに示されたと言える。Kadushinは，管理的機能を果たす上でのSVrの12の職務事項を列挙しているが（Kadushin and Harkness 2014＝2016：48-89），このなかで最後に示している管理運営の緩衝装置となる，機関変革の仲介者となるの2項目は，本SV実践モデルにおいは，最も初めに着手すべき事項に位置付いているのである。さらに，Kadushinの場合は，これらの事項はSVの課題として規範的に提示されている傾向があるのに対して，本実践モデルでは具体的なSVrの視点と方法を分析することによって実証的に明らかにすることができたものと考える。

また，以上のSVrによる見立ては，批評的で指導的，画一的な見立てではなく，『SSW特性の再認識』（Ⅰ期）のように，SVr自身も困惑し，教育委員会担当者とSSWerと一緒に揺れながらも，歩調を共にするプロセスであることも結果として示された。このような葛藤状況を経ることが，その後のSVが進展していく際の重要な一プロセスであることを明らかにできたことも，本研究の一成果である。社会的役割理論における規範的なSVでは，職場の上下関係を基盤とする職場の確認体制のため，このような揺れはむしろ不必要であり，示されることはほとんどない。しかし，本実践モデルにおいては，SVrが対等な立場にあるからこそ生まれる葛藤であると考える。以上のプロセスを経ることによって初めて，『互いに立ち止まらせる』（Ⅰ期）という関係性を形成するSVも可能となるのである。それは，結果的にⅡ期での対話と協働のための布石となっていたことも，本実践モデルにおいて示すことができた。

　以上のように，本実践モデルによって，困難性を抱えるSWerをエンパワメントするとともに，組織体制を管理運営する側にも同時にアプローチするという，その両者の接点に向けて初期段階からエンパワメントに基づくSVを実施していくことの重要性を新たに示すことができた。

(2) システム開発を志向したSVの意義

　次に，【対話を通した協働の産出】（Ⅱ期）では，SVrは，SSW実践の特性に応じた研修体制の整備を協働のための糸口として認識し，教育と福祉の協働の視点で構成される研修ついて教育委員会担当者と対話を重ねていた。そして，SSWerとも対話を通してエンパワメントする多様なSVを実施していることが研究結果として示された。

　先行研究では，関係性理論に基づくSV理論が主観と主観の出会いの場によるSV関係によって言語化を促すこと，現象学に基づくSV理論が援助的コミュニケーションを用いて自己の行為を意味付け言語化を促すことを基盤とし，どちらも対話に基づく関係性を重視するSV理論が示されていた。一方，本研究で生成したSV実践モデルの場合は，このような文脈を重視したSVrとSVe

との2者関係も踏まえた上で，なおかつ，対話の目的が2者関係を超えて教育と福祉の協働体制をつくり出すという，組織やシステムの開発に向かっていることが特徴的に示された。

また，Kadushinによる機関・組織を仲介する緩衝者としてのSVrを示していたが（Kadushin and Harkness 2014＝2016：82-88），あくまでもSVrによる機関の方針を弁護して行動する責任を重視してるため，SVrは役割上，SWerに機関の方針を伝え，従うよう促さなければならなかった。つまり，緩衝とは「危機の吸収性」であり，SWerの機関への反論をマネジメントし，機関として受け入れ可能な振る舞いに解釈し直し，機関が求めるものに適合する準備を整えるという意味合いが強い概念であった。それに対して，本実践モデルが示すSSWerをエンパワメントし事業体制を変革するSVプロセスでは，一方向による仲介ではなく，双方向の意志を尊重する対話のための指針となる視点と方法を示すことができたと考える。

これらは，エンパワメントを目指す参加型評価が，「対話」と「合意形成」を通して自らの実践を評価し合うことを基盤に置いていることに加え，社会課題の解決を志向していることや，評価の意味や目的の共有から地域における新たな価値の創出を目指していることに起因していると考えられる。そのため，II期における参加型評価を対話のツールとして活用したSVでは，教育と福祉というバックグラウンドを持つ者同士が，対話を通して研修制度というメゾレベルの開発に取り組む視点と方法，プロセスを示すことができたのである。特に，『強みを交差させる試み』（II期）における新たな研修システムを開発するアプローチに，その特徴を示すことができた。

以上のように，【対話を通した協働の産出】（II期）をするSVプロセスでは，「自分たちの評価」によって，問題を共に検討し，解釈し合う協働的な関係性をSVrが形成し，研修体制を協働で開発することを事業体制変革のための糸口に位置付けるなど，SVをシステム開発と課題解決志向で進展させることの重要性と意義を示すことができた。

(3) 組織体制にアプローチするSVの意義

　さらに，SVrは参加型評価を活用したSVによる課題を情報発信し，成果を代弁する【SSW体制の構造的変革】という働きかけを行っていることが研究結果として示された（Ⅲ期）。

　先行研究では，組織の管理的な立場に置かれることが多いSVrは，SWerがメゾ・マクロ実践を進めていくことができるような組織づくりを施設に対して推進する役割可能性のあることが提言されていた（黒木 2014）。この指摘は，SVが，個別ケース検討や心理的な支持に偏る傾向があるなか，組織や地域にアプローチするSWerをバックアップするSVの必要性を示したものであった。一方，本研究では，SVr自身が核となって協働体制をつくり出すSVを実施し，メゾレベルでの組織変革を促進することが可能であることをSV実践モデルとして示すことができた。SSWerへのバックアップも単なる支持的アプローチではなく，参加型評価をSVに活用することから見えてきたSSWerによる成果を，教育委員会や自治体関係者に『成果を代弁する』（Ⅲ期）という，アドボケイトを駆使していることも示すことができた。

　このエンパワメントに基づくSVを経ることによって，『事業評価へのアプローチ』（Ⅲ期）において，事業評価を教育委員会担当者が取り組めるよう働きかけることが可能となっている。そして，『アセスメントに基づく協働促進』（Ⅲ期）では，教育委員会担当者がSSWerと協働作業や役割分担を進められるよう，SVrが働きかる結果が示された。

　Kadushinは，機関変革の仲介者としてのSVrの職務事項を挙げ，SVrは機関の方針の策定や見直しに積極的に関与することができるとしていた（Kadushin and Harkness 2014＝2016：85-88）。しかし，この場合の変革は，あくまでも機関の方針や策定面に対するアプローチが主体となっており，組織そのものの体制自体に対する変革を指しているわけではない。一方，本研究では，SSWerへの「丸投げ」やSSWer自身の「抱え込み」，互いに責任転嫁するなどの状態に陥っている事業体制そのものを見立てた上で，福祉領域とは異なる学校をフィールドに，子ども家庭を援助することと学校の即応性を高めることの「二重

の機能」を持つSSWerをエンパワメントしつつ，事業体制そのものの変革を促進するSVの視点と方法を，詳細なプロセスとして新たに提示することができたと考える。

　以上のように，本研究では，SVrがメゾレベルを起点としてマクロ実践を促進する役割を果たしていくことが可能であることを示すことができた。このようなSVrによる革新的な役割には，閉鎖的な学校文化を内在するとされる学校を，全ての子どもを包括する開かれた学校に変革する可能性も有しているものと考える。

(4) SWの価値に基づくSVの意義

　以上の本実践モデルが示す全プロセス対する影響要因として，自治体全体を俯瞰し，エンパワメント志向の視点を持ち続ける【変革推進を支える価値】が，SVrを支える基盤となっていることが研究結果として示された（全期）。

　日本では，SVeとなるSWer自身の有する価値について取り扱い，確認する体制はあっても，Munson（2002）のようにSVプロセスそのものがSWの価値に基づいて展開されるというSVは，一般的となっていない。一方，本研究では，SVr自身がミクロからマクロまでのマルチレベルの視点を持ち，エンパワメントの価値を基盤に据えることが，SVプロセスに大きく影響していることを示すことができたと考える。これは，SVrも自分自身を省察し，学び続ける存在であり，実践的視点と研究的視点を併せ持つ反省的実践家であることを提示したものとも言える（Schön 1983＝2001）。SVrに対する支援や養成の課題について示した先行研究（吉弘 2005；浅野 2011；藤田 2012；日本社会福祉士会 2013）でも，このようなSWの価値に基づいてSVrの省察を促す視点は示されていない。そのため，本研究で生成したSV実践モデルは，価値に基づくSVrの養成に関して，今後検討していくべきテーマとしての必要性と重要性を示すことに貢献できたものと考える。

2. エンパワメントプロセスとの関連性と意義

(1)【パワーレス要因への着目】を中心に実践力の源泉を支えるエンパワメント

エンパワメントには，個人的，対人的，社会的の3つのレベルが定義されている（第1章第2節第3項参照）。そのプロセスは，この3つのレベルが相互浸透しながら展開していくプロセスである（久保 2016：119-120）。そこで，本研究で明らかにしたSSWerをエンパワメントし事業体制を変革するSVプロセスと，エンパワメントレベルとの関連性について確認し，本研究が新たに示した知見と意義について述べる（表4-1；4-2；4-3）。

まず，個人的レベルのエンパワメントとは，自らを生活の主体者として自覚し，自尊感情，セルフコントロール，自己効力感を持ち，社会資源を活用しながら，自分が自分自身の生活をコントロールしていく現実的な生活力を持つ，心理的・個人的エンパワメントである（久保 2016：119-120）。SSWerや教育委員会担当者個人に置き換えるならば，自らを主体性ある専門職者として，また，事業の管理運営の主体として自覚し，自尊感情，セルフコントロール，自己効力感を持ち，社会資源を活用しながら，自分自身の職務をコントロールしていく現実的な実践力を持つこと，と言えるであろう。したがって，SVrは，SSWerや教育委員会担当者個人に対して，ストレングスとコンピテンスに注目し，対

表4-1　実践力の源泉を支えるエンパワメント

段　階	該当する概念	具体的な内容	SVrが用いたエンパワメントスキル
アセスメント	『動機付けを顕在化させる』	活用事業の課題を打開しようとする教育委員会担当者の原動力が潜在化していることを見立てる。	潜在的な動機的側面への着目
介　入	『SSWerの強さを信じる』	SSWerのストレングスと存在価値を信じる。	既存の強さを認め増強する
	『初任者の立場に立つ』，『メゾ・マクロ実践への焦点化』，『対話を通した事例検討』	SSWerの状況や文脈に応じた知識とスキルを向上させる。	コンピテンスの強化

等な関係として協働しながら，専門職としての実践責任主体や管理運営主体としての成長と自己評価の向上を目指すものであると言える。

　以上を踏まえ，まず，エンパワメントのためのアセスメント段階について確認する。『動機付けを顕在化させる』（I期）では，活用事業の管理運営が困難な状態に対して，何とか打開しなければならないと事業の課題を乗り越えようとする，教育委員会担当者の動機的側面をSVrが受け止め，顕在化させて強めていると考える。コンピテンスにおける動機的側面とは，環境に対処していくための原動力とされている（久保 2000：120）。そのため，教育委員会担当者がどのようなことを必要とし望んでいるかに焦点を当て，その動機を高めるために，ストレングスに基づくアセスメントをSVrは行っていると言える。

　次に，介入段階について，『SSWerの強さを信じる』（II期）では，SVrによるSSWerのストレングスと存在価値を信じる姿勢によって，SSWerは自身の実践の意義を再確認し，自分自身を再定義し，周囲から承認されて，エンパワメントされることにつながっていた。これは，既存の強さを認め，それを増強していくエンパワメントスキルである（Gutiérrez et al. 1998＝2000：292）。それは，エンパワメントにおいて基本的なスキルではあるが，専門性が発揮しづらい活用事業の構造的な問題に立ち向かうために，SSWerが自身の意義と存在価値を再確認する基盤となる重要な介入である。

　さらに，SVrは，SSWerの〈文脈に応じて広げる〉SVとして『初任者の立場に立つ』，『メゾ・マクロ実践への焦点化』，『対話を通した事例検討』（II期）というヴァリエーションを持ってエンパワメントしていた。子ども家庭へのアプローチだけではなく，教育委員会へのアプローチ，学校組織へのアプローチ，関係機関へのアプローチという広がりバランスのあるスキルの向上や，学校文化と組織に応じた介入スキルの向上などである。これらは，コンピテンスの強化としての介入に相当するものと考える。そこでは，SSWerのニーズとストレングスに着目して参加型評価の活用を行っていた。それらのエンパワメントによって，SSWerは学校教育という異質な環境と折り合いをつけながら自身の専門的能力を発揮し，自分の職務をコントロールしていくことができている。

以上は，専門職者として自覚，自尊感情，セルフコントロール，自己効力感を持つための介入と言える。

　これらの〈文脈に応じて広げる〉SVは，SSWerとしての実践責任主体としての力量を高める教育的機能を用いたSVにも対応していると言える。なぜなら，『初任者の立場に立つ』は，知識や支援技術，技法の習熟に関する「知識習得への姿勢」の機能項目に，『メゾ・マクロ実践への焦点化』は，支援過程展開への視野に関する「過程展開の意義と役割の理解」の機能項目に，『対話を通した事例検討』は，事例研究法に関する「事例研究を通じた実践方法の点検と改善」の機能項目に該当していると考えるからである（日本社会福祉士会2014：93-96）。ここでは，SSWerの置かれた状況とニーズに合わせて，参加型評価を活用したSVを多様なヴァリエーションによって提供している。SSWerとしての知識や技術を教育し，SSWerが独り立ちできるところまでその実践責任主体としての能力を引き出そうとするSVrの役割が，改めて示されたものと考える。

　また，これらの個人的レベルのエンパワメントに基づくSVは，最も一般的な規範的定義による支持的機能を用いたSVだけでは実現できないものとも考える。支持的機能とは，業務上のストレスに対処し，管理的機能と教育的機能を遂行する上でSWerを受容し，精神的に支えることで，SWerが安定した状態で利用者に援助を提供でき，社会福祉援助者としての価値，知識，技術などを習得することを促進させる機能とされている（山辺2015：27）。この機能は，一定程度の業務が確立されているSWerが支援の前提とされているとも捉えられる。そのため，機関への帰属意識，業務遂行上の安心感を与えることで，士気の保持と業務満足度を向上させること（Kadushin and Harkness 2014＝2016：15-16）が重視される。

　しかし，先行研究においても，第3章の分析においても示されていたように，SSWerの多くは，SWerでありながらSW実践そのものの遂行が難しいというパワーレスネスにあった。一方，社会福祉とは無縁な経歴を有する教育委員会担当者も，管理運営の主体性を発揮できない状況に置かれていた。このような

SSWerや教育委員会担当者に対して，支持的機能による受容と精神的支持だけでは，専門職者としての自覚や自尊心，事業の管理運営の主体性や原動力などの，実践を進める源泉となる職業的アイデンティティの獲得や発揮までは難しい。そのため，本研究によって，SSW領域においてはエンパワメントに基づくSVが，実践力の源泉を支え，専門家としての自律性と責任主体性を促すエンパワメントとして不可欠なことを明確に示すことができたと考える。また，規範性と権威性に基づくSVでは示されることのない，SVr自身が未知の領域での困難状況に揺れながらも，個々の有するストレングスに依拠し続けエンパワメントをしていく視点とプロセスも，新たに見出すことができたものと考える。

(2)【対話を通した協働の産出】を中心に関係性を修正するエンパワメント

　次に，対人的エンパワメントは，他者と安心できる積極的な関係を取り結び，自己主張し，効果的な相互影響作用を行い，互いに対等な人間同士として自分たちの問題を共に検討し，解釈するグループに対等の立場で参加するものである（久保 2016：119-120）。SSWにおいては，このような視点に立って，事業体制内での人間関係を見立て，修正を目指すものと言える。

　まず，アセスメント段階として，『無力化にあるSSWerの発見』（Ⅰ期）では，様々なバックグラウンドを有するSSWerが，活用事業や学校の特質を把握して実践を組み立てるための戦略をバックアップされる環境がない状況に置かれていた。そのため，SSWerが自身の経験のみを頼りにせざるを得ず，個々にまとまりなく実践してしまうことから，教育委員会・学校とSSWerとの軋轢，さらにはSSWer同士の隔たりも表面化する悪循環に陥っていることを，SVrは見立てていた。これらは，エンパワメントのためのアセスメントとして，環境の影響力評価や状況のパワー分析（久保 2000：118）を行っていると捉えられる。つまり，SSWerがパワーレスネスに陥っている状況を，SSWer個人の資質の問題に還元するのではなく，事業体制や対人関係がSSWerに与える相互作用を考慮して，多面的にアセスメントしていると考えられる。

　また，教育委員会担当者に対しても，上記と同様にエンパワメントのための

第4章 結 論 137

表4-2 関係性を修正するエンパワメント

段 階	該当する概念	具体的な内容	SVrが用いたエンパワメントスキル
アセスメント	『無力化にある SSWerの発見』	バックアップ環境がなく，周囲との軋轢状況にあるSSWerを見立てる。	環境の影響力評価，状況のパワー分析
	『活用困難な構造の見立て』	事業ビジョンを獲得する機会がなく，周囲との葛藤状況にある教育委員会担当者を見立てる。	環境の影響力評価
介 入	『互いに立ち止まらせる』，『強みを交差させる試み』	教育委員会担当者とSSWerとが事業課題を共有できるよう，教育と福祉の視点と強みを織り交ぜた研修会ができるよう，両者をつなげる。	他者と積極的な関係を取り結ぶ，効果的な相互影響作用を用いる
	『認知される言葉に置き換える』	参加型評価に示される福祉的な用語を教育委員会担当者に翻訳する。	相手の言葉を使う，パートナーシップ
	『対等に学習し合う』	SVrとSSWerとが，参加型評価を対話のツールにして，対等に学習し合う。	パートナーシップ
	『セルフヘルプの組織化』	参加型評価の理論と方法を学ぶための自主的な研修会の組織化を行う。	自主グループの組織化

アセスメントを行い，事業環境による影響力の評価をしている。つまり，『**活用困難な構造の見立て**』（Ⅰ期）では，教育委員会担当者が具体的な事業ビジョンを獲得する機会はほとんど存在しないことに着目し，そのためにSSWerとの間でのすれ違いや葛藤が起きている状況を見立てている。SVrは，そのような矛盾が生じる制度の持つ構造を批判的に捉え，教育委員会の抱える困難性を汲み取ろうとしていた。ここでも，単に教育委員会を批判することでは解決できないという認識をSVrは持ち，教育委員会による管理運営がそもそも困難な構造上にあることをアセスメントしていると言える。

介入段階では，『**互いに立ち止まらせる**』（Ⅰ期），『**強みを交差させる試み**』（Ⅱ期）によって，教育委員会担当者とSSWerとが事業課題を共有できるよう，教育と福祉の視点と強みを織り交ぜた研修ができるよう，SVrは両者をつなげ

ていた。これは，他者と積極的な関係を取り結び，効果的な相互影響作用を用いるエンパワメントを行っていると言える。このような関係性の形成が基盤となって，教育と福祉の協働体制づくりに移行することができている。

また，『認知される言葉に置き換える』（Ⅱ期）では，SVrは，参加型評価に示される福祉的な用語に関して，教育の視点からはどのように見え，解釈できるのかについて，教育委員会担当者や教員に翻訳する作業を行っていた。これは，相手が理解できる言葉を使用し，当事者を除外することなく協働で行う作業に相当する。パートナーシップはエンパワメントの最も重要な側面であり，専門職は指示者としてではなく促進者として，資源となることが求められている（Gutiérrez et al. 1998＝2000：12）。また，パートナーとしてのSVrは，本研究で全体的に共通している要素であるが，協働を目指すためのこの翻訳作業『認知される言葉に置き換える』のほか，SVrとSSWerとが参加型評価を対話のツールにして『対等に学習し合う』（Ⅱ期）の2つの概念が，その象徴として取り上げることができる。

さらに，『セルフヘルプの組織化』（Ⅱ期）による自主グループの組織化をSVrは行っている。これは，主体的な自己評価によるエンパワメントと活用事業全体の変革を目指した，参加型評価の理論と方法を学ぶための自主的な研修会の組織化である。グループとは，問題を共有する人たちとの対話に巻き込むことによって，相互援助，スキルの発達，問題解決，他者に影響を与える効果的な経験をする有効な環境である（久保2000：126）。参加型評価を学び合うなかでエンパワメントし合いながら，「自分たちの評価」としてのスキルを向上させ，SSWer同士による力の結集によって活用事業の問題を解決していこうというグループダイナミクスの活用を，SVrが働きかけていると言える。

規範的定義である管理的機能を用いたSVでは，SVrにおける組織の管理的機能としての統制力と，専門職の持つ自律性をどう融合させるかが課題とされ（浅野2011：24），SVrの権威を相対化する必要性が指摘されてきた（黒川1992）。しかし，SVrはSWerに対して評価する権限を委譲されていることが原則となっている（Kadushin and Harkness 2014＝2016：19）。したがって，上記のような

対人レベルのエンパワメントに基づくSVで示されたような，パートナーシップとしてのSV関係に基づくエンパワメントが強調されることは少ない。なぜなら，第1章で述べた通り，管理的機能には，組織・機関の提供する手続きを効率良く正確に履行することを目的とし，その達成度を評価の指標とする「業務の思想」が背景にあり（村田 2010：24），日本においては管理的機能を業務管理として捉える傾向が強いためでもある。

　しかし，このような組織の維持管理を優先する従来型の評価によってSSWerを統制しようとすれば，教育的価値観に葛藤するSSWerとの軋轢が増すばかりであろう。そのため，SVrは，参加型評価をSVに活用し，互いに異なる立場を理解し，互いが納得する会話の経路をつくり，「自分たちの評価」によって新たな協働体制の構築につながるためのSVを行っているのである。また，これまで理念的にしか示されなかった緩衝者としてのSVrの役割（第1章第2節第1項参照）に対して，以上のようなパートナーシップというエンパワメントに基づくSVによって，互いに対等な関係で自分たちの問題を共に検討し，解釈し合う協働的な関係性を形成することができることも，実証的に提示することができたと考える。

(3) 【SSW体制の構造的変革】を中心に協働体制を構築するエンパワメント

　社会的レベルのエンパワメントとは，自分の能力を生かして社会的活動に取り組み，社会変化，パワーの再配置を目指して行動を取り，社会的発言力を持ち，ソーシャルアクション，制度の変革への集合的参加，政策決定レベルへの参画などを通して，社会的不正義の認知から社会資源の再分配を引き起こすことである（久保 2016：119-120）。SSWに置き換えれば，これらのアプローチを用いてSSWerとしての専門性を発揮できる協働体制に事業を変革すること，さらにはSVrとSSWerとが協働して国のSSW政策に対する変革を目指すものであると言える。

　まず，アセスメント段階として，『SSW特性の再認識』（I期）では，活用事業には学校現場で専門性が発揮しにくい困難特性があり，SSW実践を機能さ

せる活用事業の管理運営は簡単なことではないと，組織体制に関するアセスメントをしている。このアセスメントは，専門職としての能力を生かして社会的活動に取り組むことが困難となっている社会的レベルの状況を見立てているものであると言える。

　次に，介入段階として，『事業評価へのアプローチ』（Ⅲ期）では，事業評価を教育委員会担当者も取り組めるよう，SVrが働きかけていた。また，『アセスメントに基づく協働促進』（Ⅲ期）では，事業体制のアセスメントを通して，教育委員会担当者がSSWerと協働作業や役割分担を進められるよう，SVrが働きかけていた。これらのアプローチは，社会変化を促進するスキルに相当すると考える（Gutiérrez et al. 1998＝2000：292）。

　さらに，『成果を代弁する』（Ⅲ期）では，参加型評価での取り組みをSSW実践のなかで省察するだけではなく，その成果を教育委員会担当者や自治体関係者に発信することで，自治体としての成果として共有し，事業としての課題として協議できるよう，SVrは代弁していた。この働きかけは，資源を動員しクライエントのためにアドボケイトするに相当すると言える（Gutiérrez et al. 1998＝2000：293）。SVrは，SSWerの実践が自治体から認知されるために，これまでの取り組みを情報収集し，成果として代弁している。その際，SSWer自身も巻き込んで，自分たちの言葉として成果を発信するよう，報告会の企画やバックアップする役割も担っている。

　第1章で確認したように，Kadushinは，SVrの職務事項に機関変革の仲介者を挙げ，SVrは機関の組織的な変革を促進するものとしての管理的な責任があり，機関の方針の策定や見直しに積極的に関与することができる，としていた（Kadushin and Harkness 2014＝2016：85-88）。しかし，その職務と役割は，理念的に示され課題として提示されるのみで，その困難要因や対処方法もわずかに提示されているのみであった（Kadushin and Harkness 2014＝2016：85-88）。本研究では，SVrのエンパワメントに基づくSVにより，Ⅰ期で起きていた「丸投げ」や「抱え込み」，責任転嫁の状態に陥ることが防止され，専門家としての自律性と責任主体性が発揮できる，教育と福祉の協働体制をつくり出すための

第4章　結　論　141

表4-3　協働体制を構築するエンパワメント

段　階	該当する概念	具体的な内容	SVrが用いたエンパワメントスキル
アセスメント	『SSW特性の再認識』	困難特性が制度と組織体制に存在しているため，専門職としての力が発揮されにくいSSWerを見立てる。	環境の影響力評価
介　入	『事業評価へのアプローチ』，『アセスメントに基づく協働促進』	協働する組織としての変化を促す。	社会変化を促進する
	『成果を代弁する』	SSWerによる成果を教育委員会担当者や自治体関係者に代弁する。	資源を動員しアドボケイトする

視点と方法を，詳細なプロセスとして実証的に提示することができたと考える。

　一方，社会的レベルのエンパワメントでは，第1章第2節で概観した通り，社会変化やパワーの再配置を目指して行動を取り，ソーシャルアクションや政策決定レベルへの参画などを通して，自治体のみならず国，国際的なレベルにおいて，個人の問題に影響を与える環境要因に働きかけるものである。これは，無力化された状態を生み出す構造的要因に着目し，社会の構造的変化を伴う変容を目指すものである。

　しかし，本研究では，国におけるSSW政策や制度，国際的なレベルにおける社会構造の変革というよりは，自治体内部における組織変革，自治体における事業体制やネットワーク体制に対する変革に焦点化されている結果となった。それは，分析焦点者であるSVrは，SSWerをエンパワメントすることを重点化し，SSWerが置かれている組織の変革を意図することが主なSVの方向性となっているためと考える。ただし，これは，本研究において社会構造の変革を軽視しているという意味ではない。エンパワメントプロセスは，個人・対人・社会的なマルチレベルの連続体とされる一方で，組織体制にエンパワメントの手法が認知され組み込まれない限り，エンパワメントが社会において主流となり有効に機能していくことができない，という指摘がある（Adams 2003＝2007：149）。一方，どのエンパワメントレベルの介入を目指すかは，当事者との同意

142

と共通目標によって決定されるという指摘もある（Gutiérrez et al. 1998＝2000：17）。このようなアプローチに関して，エンパワメント理論には，まだ精緻化がなされていない部分も存在するものと考える。

　そのため，本調査における参加型評価を試行したSVrの語りのデータに密着して解釈した結果（grounded-on-dataの分析），現時点でのSVrは，SSWerと共にSSW制度構造そのものの変革に向けた国へのソーシャルアクションなどを志向する段階にはまだなく，それは本プロセスがさらに発展した段階にあるのではないか，と考える。このように，本研究では，社会的レベルのエンパワメントおよび，メゾ・マクロ実践としての参加型評価における社会変革として，SSWerが所属する組織変革，自治体における事業体制やネットワーク体制の変革に焦点化していることが明らかとなった。

　このような組織変革を確実に経ることによって，全ての子どもを包括する学校への変革が可能となり，SSWもより広く社会に貢献できる体制へと発展することにつながっていくものと考える。そして，その延長線上には，SSWerが子どもと家族および学校とともに社会変革していくアプローチに向けたSVrによる支援を想定することもできるのではないだろうか。

（4）援助者へのエンパワメントにおける意義

　さらに，援助者へのエンパワメントのプロセスを明らかにした意義が，以下のように見出された。

　1990年代半ばから社会福祉関連領域において，クライエントのエンパワメントを図るための不可欠な要素として「スタッフエンパワメント」が重要視されるようになっていた。しかし，援助者を対象とするエンパワメント獲得のプロセス研究は，看護師を対象とした看護領域でいくつか取り組まれているものの，社会福祉学ではほとんど進められてこなかった。そもそも，SW実践理論としてのエンパワメントが未成熟な状況になるなか，援助者へのエンパワメントまでも果たして可能なのかどうかという問題提起もなされていた（久保2000：132）。

第4章　結　論　143

　これらの課題に関して，本研究では，SSWerに対してのみならず，活用事業を管理運営する立場にある教育委員会担当者に対しても，SVrがエンパワメントすることが可能であることを示すことができた。教育委員会は，SSW実践が機能するための組織として変革されるべきターゲットでもある。しかし，本研究によって明らかになったSVプロセスでは，SVrは変革する側・変革される側という二極の対立構造をつくることをせず，教育委員会担当者を活用事業の運営主体として尊重し，その主体性や専門性が発揮できるようエンパワメントしている。SVrによってエンパワメントされた教育委員会担当者は，活用事業のなかに教育における専門性を発揮する視点と関わりを獲得し，事業運営のあり方を主体的に評価して，SSWerと協働で事業体制を変革していくようになっている。ここにもエンパワメントにおけるパートナーシップの側面が見出されるが，実践現場がより効果的な実践を目指して日常的に創意・工夫を交換する「学習する組織」を形成し，関係者のエンパワメントと「自分たちの評価」を目指す参加型評価のSV活用が大きく作用している。このような援助者をエンパワメントし，内発的に起こる変革をつくり出すプロセスを提示できたことは，社会福祉学における援助者への援助に関する研究，SWerが所属する組織変革に関する研究に一定の示唆を与えるものと考える。

3.　SSW領域への示唆と意義

(1)　実践的活用を促進するSVツールの提示

　M-GTAの分析によって生成されたグラウンデッド・セオリーであるSV実践モデルは，現実に問題となっている現象に対して，その解決や改善のために実践的に活用されることが期待されている（木下 2007：67）。そこで，本研究で生成したSV実践モデルが実践現場においてより活用されるために，SVrにとって身近な実践指針となり得るSVツールを以下に提示する（表4-4）。本SVツールは，前項において確認した，本研究で生成した概念とエンパワメントプロセスとの関連性も踏まえ，エンパワメントのエッセンスを確認項目として抽出し

表4-4　SSWerをエンパワメントし事業体制を変革するSVツール

期	対象	SSWerの役割	概念名 （エンパワメントスキル）		SV項目
Ⅰ期パワーレス要因への着目をするSV	SSWer	困難状況にある事業を理解する	『無力化にあるSS-Werの発見』（対人的：環境の影響力評価）	☐	SSWerが孤立し，活用事業や学校の特質を把握できずに，自身の経験のみを頼りにせざるを得ない状態に置かれているかどうかを見立てる。
	教委		『活用困難な構造の見立て』（対人的：環境の影響力評価）	☐	福祉人材の活用経験がない教育委員会担当者にとって，事業方針を定めることがそもそも困難であるという制度上の構造のため，活用事業の方向性が曖昧な状態になりやすいことを認識する。
	SSW実践		『SSW特性の再認識』（社会的：環境の影響力評価）		SSW実践には，学校現場において専門性を発揮しにくい困難特性があるという認識を持つ。
	SSW事業		『事業構造の見立て不足』	☐	SSW実践を機能させる事業となるための，教育委員会への働きかけと事業全体の見立てが不足し，ケース検討のみのSVが中心となっていないか確認する。
	教委	教育委員会の事業運営に対する動機付けを強め，SSWerとの課題共有につなげる	『動機付けを顕在化させる』（個人的：潜在的な動機的側面への着目）	☐	活用事業の管理運営が困難な状態に対して，何とか打開しなければならないという教育委員会担当者の思いを顕在化させて強める。
			『SSWerとしての動きを示す』	☐	SSWerの活用に関して共通の議論ができるようになるために，SVr自身がSSWerとしての実際の動きを見せることに努めて，教育委員会担当者からSSWへの理解を得ようと試みる。
	教委・SSWer		『互いに立ち止まらせる』（対人的：他者との積極的な関係を取り結ぶ）	☐	教育委員会担当者とSSWerとが自治体の事業課題を一度立ち止まって共有できるような橋渡しを進める。
Ⅰ～Ⅲ期	SVr自身	SSWerとしての試行錯誤から視点が拡大してきたSVr自身の経験を活用する	『互いの強みに気づく経験』	☐	子どもや保護者に対して教員と協働する多様な働きかけが奏功し，互いの強みに気づいたSSWerとしての経験を確認する。
			『参加型評価に行き着く』	☐	エンパワメントと協働体制を目指すSV研究に参画し始める。
		協働体制をつくり出すためのSVrの価値について確認する	『ミクロとマクロの複眼的視点』		ミクロレベルでの支援から，自治体における活用事業を俯瞰する視点までも統合した視点を重要する。
			『自治体を牽引する使命感』		SSWerとして自治体を牽引してきた経験から，自治体全体の発展に対する視点を重視する。
			『エンパワメントへの価値』	☐	子どもの最善の利益と社会正義に基づいて，エンパワメントと組織変革に切り込むことがSSWでは重要な価値であることを確認する。

Ⅱ期　対話を通した協働の産出をするSV	教委・SSWer	SSWerと教育委員会とが協働するための接点を探る	『行政の硬直な壁』	☐	教育行政の持つ制度的制約や硬直さを背景に，協働していくことが困難な場合があることを認識する。
			『育成が進まない危機感』	☐	SSWerをエンパワメントする研修体制の整備が進まない状況に対する危機意識を感じる。
			『研修を糸口に協働を探る』	☐	SSWerをエンパワメントする研修体制を教育委員会と協働でつくろうとする問題意識を持つ。
	主に教委	教育と福祉の互いの視点で対話する機会をつくる	『参加型評価への巻き込み』	☐	研修体制のあり方について対話の経路をつくるため，教育委員会担当者も研修会に参加できるよう働きかける。
			『強みを交差させる試み』（対人的：他者との積極的な関係を取り結ぶ）	☐	教育と福祉の視点と強みを織り交ぜた研修会を，教育委員会との協働企画で試みる。
			『抵抗感を生む』	☐	研修に協働の視点や主体性が生まれず，抵抗感が教育委員会担当者とSSWerに生じていないか確認する。
		エンパワメントを目指す自己評価の目的や意味の共有を進める	『評価に対する反応を確かめる』	☐	自己評価を高める研修に対する教育委員会担当者とSSWerの反応を確かめる。
			『目的に戻る』	☐	自己評価をする目的の確認に何度も立ち返り，教育委員会と評価目的を共有し続ける。
			『評価が迷走する』	☐	自己評価の作業が機械的となり，自己評価の意味が関係者に浸透しない状況にあるかを確認する。
	主にSSWer	SSWerの主体性を生み出す	『自身と事業のために評価を促す』	☐	自己評価の目的は，エンパワメントと事業体制の改善のためであることをSSWerが理解できるよう促す。
			『セルフヘルプの組織化』（対人的：自主グループの組織化）	☐	SSWer同士が相互援助し，協働の視点を含む研修会を開催できるよう働きかける。
		SSWerの置かれた状況に応じたSVを実施する	『初任者の立場に立つ』（個人的：コンピテンスの強化）	☐	SSW領域の経験が少ないSSWerの立場に立って，学校教育領域をフィールドとする際に求められるコンピテンスの強化のために，対話に基づくSVを実施する。
			『メゾ・マクロ実践への焦点化』（個人的：コンピテンスの強化）	☐	ミクロだけではなく，メゾ・マクロの実践が進展するためのSVを実施する。
			『対話を通した事例検討』（個人的：コンピテンスの強化）	☐	事例検討を対話に基づいたSVとなるように取り組む。
		SSWerと対等に協働する	『認知される言葉に置き換える』（対人的：パートナーシップ）	☐	社会福祉用語が教育の視点からはどのように見えるかを汲み取り，教育現場の状況に合わせて翻訳する。
			『対等に学習し合う』（対人的：パートナーシップ）	☐	自己評価についてSSWerと対等に学習し合う。
			『SSWerの強さを信じる』（個人的：既存の強さを認め増強する）	☐	SSWerが価値ある存在であることに信念を持つ。

			『SV形態による限界』	□	非常勤のSVrによっては，SV機会に限りがあるため，自己評価に取り組む余裕がない状態にないか確認する。
	SVr自身	エンパワメントを目指すSVに関する研究を継続する	『熟考し議論を続ける』	□	評価のあり方について議論し理解を深めている。
			『評価ワークショップによる見通し』	□	評価に関する研修会に体験的に参加し，SVの見通しを持つ。
			『評価が腑に落ちない』	□	評価と現場での実践との関連性が見えず，SVの見通しが見えない状態になっていないかを確認する。
Ⅲ期 SSW体制の構造的変革をするSV	教委・SSWer・SSW事業	これまでのSVで得られた課題を発信する	『評価への有効的感触』	□	自己評価を活用したSVが事業体制のなかに位置付き，より多くの人々と評価活動を共有できるのではないか，という感触を持つ。
			『事業変革への意志』	□	研修体制だけではなく事業体制全体の変革を，教育委員会担当者と協働で取り組むことが必要であるという認識を持つ。
			『共通の課題を明示する』	□	自己評価の活用から明らかとなった自治体の活用事業の課題に対して，教育委員会担当者とSSWerが協働で取り組めるよう提示する。
			『事業評価へのアプローチ』（社会的：社会変化を促進する）	□	教育委員会担当者も事業評価に取り組めるよう働きかける。
			『事業評価の障壁』	□	事業評価をSVで試みたものの，理解が得られない障壁が生じていないか確認する。
		SSWerと教育委員会との協働・分担体制を構築する	『アセスメントに基づく協働促進』（社会的：社会変化を促進する）	□	協働で事業をアセスメントし，教育委員会担当者がSSWerと協働作業や役割分担を進められるよう働きかける。
			『SV体制の再構築』	□	SSWerをエンパワメントするための常勤的なSV体制を，教育委員会担当者と協働で構築する。
			『雇用環境への働きかけ』	□	SV体制の構築を基盤にSSWerの増員や待遇改善を教育委員会に働きかける。
			『成果を代弁する』（社会的：資源を動員しアドボケイトする）	□	SSWerが自己評価に取り組むなかで見えてきた変化を教育委員会担当者に示し，自治体の成果と課題として共有できるよう代弁する。
	他自治体	広域のネットワークをつくる	『全国レベルでの共有』	□	全国の教育委員会担当者やSSWer，SVrと刺激を受け合い，学びが深まる経験を重ねる。
			『近隣自治体との連携』	□	自らが所属する自治体内だけではなく，近隣の自治体にもエンパワメントを目指すSVを働きかけ連携する。

第4章　結　論　147

ている。そのため，参加型評価研究に参画していないSVrにとってもエンパワ
メントに基づくSVが実施できるよう，より一般化されたSVツールとした。

　本SVツールは，Ⅰ期からⅢ期のプロセスに沿った具体的なSV項目において，
SVrが自身の認識や行為を確認できるようになっている。使用方法は，まず，
現在のSVの実施状況と，自治体の事業体制の進展状況を，Ⅰ期におけるSV
項目で確認する。チェックが入らず，SVr自身も困難を感じている項目があれ
ば，第3章で示したSV実践モデルの該当箇所を参照し，実践の際の参考とす
る。また，本研究で生成したSV実践モデルはプロセス性を重視しているため，
SV項目でチェックが付かない場合は，それ以前の項目も参照し，どの段階の
項目に課題があるのかを見つけることも重要な作業となる。同様に，Ⅱ期，Ⅲ
期も確認していく。

　このSVツールを参照することで，SSWが機能するために，SSWerをエン
パワメントし，事業体制を変革するSVをどのような視点と方法によって展開
していけばよいか，そのポイントが俯瞰的に把握でき，今後の方向性を見定め
ることが可能となる。さらに，SVr同士がSV実施状況を共有し，確認し合う
際に用いることで，SVrの専門性を向上させるための応用ツールとしての使用
もできると考える。したがって，SVrの養成に向けたSVツールとしても活用
できることが期待できる。

(2)　活用事業のシステムや制度変革に対する示唆

　第1章において先行研究を確認するなかで，機関や組織を変革するための参
照枠となるSV理論やモデルが明らかにされていないという課題が存在した。
SSW領域においても，事業体制の変革のためのSVの視点や方法，プロセスが
明らかにされていなかった。つまり，SSWerの専門性を向上させるSV体制の
整備に加え，活用事業の計画立案や，実施内容，評価など，活用事業そのもの
の管理運営の未整備が指摘されるなか，その改善に働きかけるSVrの視点や方
法，プロセスを示すSV実践モデルは，まだ明らかにされていなかった。

　この課題に対して，第1に，本研究で生成した事業体制を変革するSV実践

モデルによって，SVrが教育委員会担当者にどのようにアプローチし，事業体制の変革に対していかに関与しているかを，SVrの視点や方法，プロセスとして明らかにすることができた。具体的には，M-GTAによる分析と考察によって，事業体制を変革するSVに向けた視点や認識，疑問，思考，意図，戦略などを，関係者との相互作用とプロセスとして明らかにしている。すなわち，SVrは，〈困難状況にあるSSWerへの理解〉（Ⅰ期）のように活用事業の抱える特殊性や複雑性の理解に努め，教育委員会担当者との協働が簡単ではないとういう〈接点が見つからないジレンマ〉（Ⅱ期）を持ちながらも，『事業変革への意志』（Ⅲ期）として事業体制全体の改善に向けて認識を移行していた。このような状況に即した柔軟で建設的な認識によって，事業課題を明確化させて【対話を通した協働の産出】（Ⅱ期）により研修体制の整備を実現している。さらに，SSWerに対して主体的な評価を習慣化させる一方で，教育委員会担当者に対しても【SSW体制の構造的変革】（Ⅲ期）を実行している。その際，自治体の現状に合わせて『評価に対する反応を確かめる』（Ⅱ期）を慎重に見計らう一方，『参加型評価への巻き込み』（Ⅱ期）を積極的に促進していた。また，参加型評価を活用したSVの特徴を理解してもらうよう，〈評価目的の共有〉や〈評価の習慣化とエンパワメント〉（Ⅱ期）も欠かさないことに留意していた。

　変革の達成に必要となる状況として，Kadushinも，実際の改革は試行期間も含めてじっくりと時間をかけて行われる，改革が機関の規範と目的に沿ったものである，スタッフが変化をもたらす難しさを認識し共感的理解がある，などのいくつかの観点として指摘している（Kadushin and Harkness 2014＝2016：88）。このような，きめ細かな意図や戦略を用いた，事業体制全体を変革するSVのプロセスについて，本研究の分析と考察によって実証的に示すことができたものと考える。

　こうしたSVrによる働きかけの結果，実際に，事業体制が改善され，SSWerの有効活用のための新たな仕組みやSV体制が構築され，雇用環境が変革されるなどの変化も，語りのデータに基づいて示すことができた。それを，序章で示した事業体制についての定義（序章注2参照）と照らし合わせると，以下

の成果として示すことができる。

　事業の設計（〈橋渡しを試みる〉や『強みを交差させる試み』），SSWerの配置（『無力化にあるSSWerの発見』や『アセスメントに基づく協働促進』），研修体制の整備（【対話を通した協働の産出】），連絡体制の整備（『共通の課題を明示する』），勤務環境の整備（『事業変革への意志』や『SV体制の再構築』），事業の評価（『事業評価へのアプローチ』や『成果を代弁する』），事業の拡充（『雇用環境への働きかけ』や『近隣自治体との連携』）などである。これらのSVrによる事業運営への関与や，変革の視点と方法，プロセスを，SV実践モデルのなかで詳細に明らかにすることができた。

　以上のように，事業体制全体の変革を促し，最終的に活用事業の見直しや改善をもたらすSVrの認識や行為，プロセスを，SV実践モデルとして提示することができた。これは，SVrとは，機関や事業のシステムに関与し変革をもたらす役割を果たす存在であることを，改めて示す根拠となると言える。そのため，本研究において生成したSV実践モデルは，事業体制そのものを再構築するためのSV体制整備に多くの示唆を与えるものと考える。

　第2に，SV研究では実証性に基づいた研究が不足しているという指摘があるなか（福山 2005：192；相川 2012：51），本研究は，観察調査とインタビュー調査に基づき，M-GTAの分析によってSSWerをエンパワメントし事業体制を変革するSVプロセスを実証的に明らかにすることができた。質的な調査と分析により，概念の検討と再定義を繰り返し，類型化の考察を重ねる実証研究は，実践における多様な創意工夫を一定のモデルとして可視化する営みと言える。それは，研究上これまで取り上げられることが少なかった，SSW領域におけるSV現場に埋もれている実践知を，顕在化させたという意味もある。したがって，特にSSW領域で不足している制度面の変革に働きかけるSV研究に対して，根拠のあるSV実践モデルとして，その妥当性や重要性を示すことに貢献できるものと考える。

4. SW研究への示唆と意義

(1) SV理論研究に対する意義

　第1章において確認した先行研究の課題の一つに，日本におけるSVは，社会的役割理論と規範的定義に基づくKadushinのSV理論を採用することが最も一般的となり，機関や組織を変革するSV理論はほとんど進展してこなかった課題が存在していた。また，対等性と平等性に基づく関係性を重視したSV理論でも，SWerが置かれている組織や環境そのものを相対化し，変革する視点までは扱われてはいなかった。

　この課題に対して，本研究では，SSWerをエンパワメントし事業体制を変革するSVプロセスを明らかにすることから，事業体制を変革するSV実践モデルを提示することができた。そして，本SV実践モデルに内包される個人的・対人的・社会的エンパワメントと，その相互展開するプロセスも見出された。これらにより，SV理論研究に対して以下のような意義を与えるものと考える。

　第1に，社会的役割理論に基づく規範的なSVとは視座が異なるエンパワメント理論と価値に基づいたSV実践モデルを生成したことにより，SV理論をより拡大し，かつ包括するSV実践理論を提示することができたと考える。規範的なSV理論には支持的機能が規定されていて，SWerを支えるこの機能がエンパワメントの一端を担ってきたと言えるかもしれない。しかし，日本におけるSVでは，施設運営を目的とした管理的機能に傾く傾向があり，業務上の管理と効率が優先されるため，対人援助職としての成長を促すという教育的・支持的SVは育ちにくいという指摘がなされてきた（村田 2010：198）。そのため，支持的機能は管理的機能の付随的な位置付けにあり，SWerをバックアップするための一確認事項として取り扱われるに留まっている。以上に対して，本研究で提示したSV実践モデルは，エンパワメント理論における重要な原則や要素と合致することを示すことができた。例えば，パートナーシップはエンパワメントの最も重要な側面であり，専門職は指示者としてではなく促進者として，資源となることが求められているが，SV実践モデルのプロセス全般において，

そのようなエンパワメントの原則に則ったSVrの視点と働きを示すことができたと考える。また，それは，現象学とケアの概念に基づく共感的な支持的SVとも異なり，自己変革や人間関係の修正，環境の変革を担う主体を形成するという社会正義の価値に裏付けされた，より能動的なSVである。このように，従来のSV理論では積極的に位置付けられていなかったエンパワメントの概念や原則，価値を付加することで，SV理論により広がりと包括性をもたらす寄与ができたものと考える。つまり，この結果は，SSW領域における制度を改善するだけでなく，広くSV全般に有効な一実践理論として貢献できるものと考える。

　第2に，社会的レベルのエンパワメントに関連して，メゾレベルである組織変革を中心に，メゾ・マクロ実践としてのSVプロセスを示すことができたことである。エンパワメントは，個人的変容と社会的変容を統合する方法として理論的には示されているが，実践内容がクライエントへの直接的な働きかけに力点が置かれるため，ミクロレベルの介入が中心なっている援助枠組みのなかに，社会変化を志向する実践モデルを組み込むことは簡単ではないとされている（久保 2000：132）。それに対して，本研究で明らかになったSVプロセスでは，メゾレベルにおける組織と事業体制の変革のための多様なアプローチを中心に，SVrの視点や意図を含めて詳細に明らかにすることができた。『**成果を代弁する**』（Ⅲ期）では，SSWerの実践成果を代弁し，自治体レベルでのSSW実践を共有するネットワークづくりに対するマクロレベルの介入が示された。さらに，日本のSWは長らく北米のSW理論に依存してきたため，日本のSWにおいて既に行われている実践を掘り起こし理論化し，エンパワメントアプローチの検証を行うことが必要とされている（久保 2016：127）。この点に関しても，本研究では，参加型評価を活用したSVに内包されるエンパワメントプロセスの側面を検証し，特にメゾレベルを中心に，ミクロからマクロレベルまでを包括したSV実践モデルを提示することで，エンパワメントの理論化と実践検証に一定の貢献ができたと考える。

(2) 参加型評価研究に対する意義

　また，先行研究では，国内における参加型評価の適用事例は非常に少なく，参加型評価研究はまだ始められたばかりの段階とされ（藤島 2014：117-118），実践家などのスタッフを対象とする参加型評価の手法を用いたエンパワメント事例は少ない状況であった。

　このような課題に対して，本研究により生成したSV実践モデルを参照することで，新たに参加型評価をSVに活用したいSVrにとって，プロセスに即した活用ポイントを押さえ，阻害要因も予測しながら，参加型評価をSVに効果的に活用できることが期待できる。そして，現在，SSW事業プログラムに対する参加型評価をSVに活用しているSVrにとっても，自身の立ち位置を確認し，SVでの活用方法を省察し，今後のSV方針を見極める上での有効なガイドランとなるであろう。以上から，本研究が，グラウンデッド・セオリーの「人間行動の説明と予測に関わり，研究テーマによって限定された範囲内における説明力にすぐれた理論（fit and work）」（木下 2007：69）を的確に示すことができたものと考える。

　そもそも，効果的福祉プログラムに基づいたモデルは，その有効性が証明されているにもかかわらず，実施や普及が進まず，ニーズのあるごくわずかな関係者にしか行き届かないという状況も生じている（Brownson et al. 2012）。その要因については，第1章第3節で言及したように，評価研究が特に日本で普及しにくいのは，評価の理論と実務でのプログラム概念に関する理解不足と混乱があるためとされている（山谷 2004：1-8）。山谷によると，アメリカやOECD加盟諸国では，プログラム評価の概念が「社会問題」の評価，「社会サービス問題」の見直しという形で普及してきた。プログラムとは，制度や仕組み，プロジェクトを動かすマニュアル，アイデアのことであり，教育や福祉，政策における課題をどのような方法で解決するのか，そのノウハウのことである。そして，プログラム評価とは，そのようなアイデアやノウハウを対象とする評価を指し，その検証に耐えられるようプログラムを開発し，発展させることを意味する。しかし，日本では，評価が「業務測定」や「評定」として捉えられ，

プログラムも「番組」や「予定」,「計画」,「手順」などとして使用される混乱状況にある。そのため,日本では,評価やプログラムとは何かという議論は不十分で,その必要性も認識されてこなかった,とされている。

　これらの課題に対しても,SVプロセス全体を通して,参加型評価を活用したSVによる制度や仕組みの改善,「対話」と「合意形成」による主体的な評価過程を明確化することができたと考える。つまり,本研究では,全プロセスを通じて「SVにおける評価とは何か」という難問に向き合っているSVrの視点や認識が示されている。主体性に基づく参加型評価を活用したSVとは何かを模索している視点と認識である。特に,SVrは,『自身と事業のために評価を促す』（Ⅱ期）を軸に,SSWerと教育委員会担当者とが,活用事業の置かれている現状を省察できるよう根気強く働きかけている。SSW事業プログラムでは,効果的援助要素を実施マニュアルとして構成し,活用事業の管理とSSW実践のための指針が開発されている。しかし,それらの実施マニュアルを絶対的・客観的に正しいものとして査定することは,参加型評価の趣旨ではない。つまり,自治体や実践現場の文脈に応じて実施マニュアルを解釈し合い,自分たちが実践することの意味を再確認するために,SVにおける対話ツールとして用いるのである。また,ミクロからマクロまでの実践の広がりと,活用事業の方向性とをマッチングさせ,事業ビジョンを共有するSVのための対話ツールとして実施マニュアルを活用しているのである。さらには,このような評価活動がプログラム自体を改善する契機にもなると考えられる。このような「対話」と「合意形成」を重ねる参加型評価のエッセンスを盛り込んだSVを通して,関係者がエンパワメントされて,活用事業が改善,変革されるプロセスが浮かび上がっている。これらは,SVにおける権威性や統制という問題に対する解決像の一つとしても,提示することができたと考える。

　以上のようなSVプロセス全体像の明確化により,参加型評価を活用したSVを進める上で,何から着手すればよいか,今後どのような阻害要因が想定されるか,どのような観点に留意して取り組むべきかなどの,具体的な見通しを得られるSV指針を示すことができたものと考える。さらには,まだ進展してい

154

るとは言えないSW研究における参加型評価に対して，参加型評価の実施と普及に関する方途やプロセスを具体的に示す一成果としても提示できたものと考える。

(3) SVrに対する支援課題への示唆

　以上の先行研究の課題のほかに，SVrの養成や育成の課題として，SVrが体験的にSVを修得する研修や，SVr同士が成長を支える方法の構築（藤田2012），SVrに対する支援や養成の課題（吉弘 2005；浅野 2011；日本社会福祉士会 2013）なども挙げられている。このような課題に対しても，本研究で明らかにしたプロセスのなかの影響要因にある，参加型評価研究への参画経験が，SVr養成への示唆を与えるものと考える。例えば，参加型評価研究に参画するなかで，自身のSSWerとしてのミクロレベルでの経験と，SSW事業プログラムに対する参加型評価における理論を統合させる『ミクロとマクロの複眼的視点』（全期）を獲得していた。また，SSW事業プログラム研究会が開催した評価ワークショップに体験的に参加した経験から，実践現場に活用できる見通しを持つ『評価ワークショップによる見通し』（Ⅱ期），全国の実践家と学び合う『全国レベルでの共有』（Ⅲ期）なども，SVrを支援する機能として働いていたと考えることができる。SVrが自らの所属する自治体内だけに留まることなく，全国レベルでのエビデンスに基づく対話による自由な議論を展開する研究会に参画して，実践と理論を統合する経験が，SVrの専門性を支え，SVrの働きかけのヴァリエーションを豊富にすることにつながっている。

　これらの知見のほか，本章で提示したSVツールを活用することも，SVrに対する支援や養成のための体制構築に対して示唆を与えるものと考える。

(4) 社会福祉学の多領域に対する貢献可能性の示唆

　さらに，教育領域が抱える組織的課題に対して，本研究における機関や組織などのシステムへ変革的に働きかけるSVが貢献できる意義もあるものと考える。学校の改革課題の一つに，学校組織の持つ個業性，個業化が以下のように挙げ

られている（佐古・山沖 2009：76）。個業性，あるいは個業化とは，教員の裁量性を基盤として存立する組織としての学校が，個々の教員の個別的で自己完結的な教職の遂行に転化した状態，あるいはそれを強化する傾向を指す。つまり，本来，協働的・公共的であるべき学校の教育活動が，個々の教員の教育活動に分断，閉塞された状況に陥っている状態で，組織的な機能や自律性の構築に対する阻害要因とされている。このような学校組織文化は，教職に内在する特性として，「抱え込み」や「丸投げ」と言われる状況を生み出している。これにより，教員は相互不可侵の状態となりやすく，各々の遂行状況も互いに不透明となりやすい。よって，協働が行われにくく，分掌を超えた横断的で体系的な取り組みがなされにくいことが課題となっている。

この学校組織文化の延長線上にあるとも言える教育委員会組織に対して，本研究による事業体制を変革するSVが，協働を生み出し，チームとしての組織的対応と，それを可能にする協働体制の構築を促進することに寄与している。なぜなら，参加型評価をSVに活用することで，協働の取り組みである『互いに立ち止まらせる』（I期）や『強みを交差させる試み』（II期），『アセスメントに基づく協働促進』（III期）など，協働の「場」と「関係性」が新たに生まれているからである。

以上のことは，社会福祉学におけるアプローチ法が，学校組織文化の持つ閉塞性に風穴を開け，自律的な組織へと変革するための有効な手立てを提供できる可能性があることを示すものである。個別の領域だけでは解決が困難な状況が増す現代社会では，多分野横断的なアプローチが必要とされている（古川 2012：225）。社会福祉学では，包摂的社会政策や，個別性と統合性，連続性（媒介性・調整性・協働性），開発性というアプローチ特性，社会変革を求めるソーシャルアクションなどが機能することを追及してきた。このような社会福祉が有する役割が，教育領域をはじめとする多領域，自治体，組織に内在する課題の解決に貢献できる（古川 2012：213-231）側面も，本研究により示すことができたと考える。

第2節　本研究の限界と今後の課題

1.　SV実践モデルの一般化と実践的活用に向けて

これまでのような研究成果が示された一方で，本研究の限界として，実践的活用，評価研究，SVの構造化の3点が挙げられる。

まず，調査協力者の限定性についてである。本研究は，参加型評価をSVに活用し，事業体制の改善を試みているSVrを，意図的サンプリングによりM-GTAにおける分析焦点者とした。この限定は，第1章で言及したように，参加型評価を試行的に活用しているSVが，本研究におけるSV実践モデル生成に対する可能性を有し，実証性ある数少ないものであることを踏まえたものである。また，第2章で説明したように，M-GTAで生成するグラウンデッド・セオリーは，社会的相互作用に関係し，人間行動の説明と予測に関わり，同時に，研究者によってその意義が明確に認識されている研究テーマによって限定された範囲内における説明力に優れた理論である（木下 2007：69）。そのため，本研究の限定化も，消極的意味ではなく積極的に位置付け，限定した範囲内において緻密で徹底した解釈を行った。したがって，生成されたグラウンデッド・セオリーであるSV実践モデルの適用は，SSW事業プログラムに対する参加型評価をSVに活用しSSWerをエンパワメントして，事業体制の改善を目指すSVrのためのガイドラインとなることが第一に期待できる。さらに，生成したSV実践モデルとエンパワメントプロセスの関連性を明確にし，参加型評価を活用していないSVrにとっても参照できる，実践現場で展開しやすいSVツールを提示することもできた。

しかし，全国における活用事業の変革に向けたSV実践モデルの生成という，さらなる一般化された大きな研究テーマを探究する場合には，今回の限定では限界がある。なぜなら，SSW事業プログラムに対する参加型評価をSVに活用しているSVrのほかにも，意識的に活用事業の変革に対してアプローチしてい

るSVrが存在することが想定されるからである。実際に，活用事業において
SSWerを数十名配置し，研修体制や雇用条件を整備し，精力的に活動してい
る自治体がいくつか報告されている（土井 2016）。今後は，全国各地のこのよ
うな先進的な自治体におけるSVを調査することによって，本研究によるSV
実践モデルとの比較考察を行い，より適用範囲を拡大した活用事業の変革に働
きかけるSV実践モデルの生成を試みることが課題となる。

　また，実践での応用と検証についての限界と課題である。第2章で言及した
ように，M-GTAは，Glaser and Straussが考案したオリジナル版GTA（Glaser
and Strauss 1967＝1996）と基本文献（Glaser 1978；Strauss 1987）から基本特性
の4点を継承している（木下 2007：28-121）。その4点目に，応用が検証の立場
（結果の実践への還元）がある。つまり，分析結果としてのグラウンデッド・
セオリーの実践的活用を重視し，その実践的活用プロセスが結果としてのグラ
ウンデッド・セオリーの検証になるという立場である。したがって，本研究で
は，事業体制を変革するSV実践モデルというグラウンデッド・セオリーの生
成と，それをより身近に活用するためのSVツールの提示までを行ったが，そ
の検証のためには実践的活用が必要となる。その際，留意すべき点として，日
本社会福祉士会（2013：46）が言及しているように，SVrやSWerによる評価だ
けではなく，SVによる現場への波及的な影響・効果も含めた実証的な効果検
証の必要性である。本研究において生成したSV実践モデルを実践現場に活用
し，SVrとSSWerによる評価のみならず，活用事業の関係者や事業に関する
様々な指標を精査して，SSWerや教育委員会担当者，教育委員会という組織
がいかにエンパワメントされ，活用事業がいかに改善し変革したかを，その波
及的な効果も含めて検証することが求められる。

2. エンパワメント評価への発展に向けて

　次に，エンパワメント評価との異同や関連性に関する解明不足である。参加
型評価には，発展型評価や実用重視型評価などの複数のアプローチ法があると

されている。しかし，本研究においてSVに活用している参加型評価は，特定のアプローチを念頭に置いたものではない。参加型評価の原則としてのプログラム評価の理論と方法と，関係者が互いに学び合うことを最も重視しているのである。そのプロセスにおいて活用事業で解決すべき課題について議論を深め，事業管理側の教育委員会も巻き込んだ評価活動を行った結果，関係者の当事者意識の向上とエンパワメントが図られ，「学習する組織」が形成され，事業体制が変革している。

　そのため，実用重視型評価とエンパワメント評価の2つのアプローチ法の要素が，本研究の参加型評価を活用したSVに特徴として結果的に現れていると言える。実用重視型評価とは，評価結果の想定利用者を評価活動に巻き込むことにより，評価結果の活用度合い，実用性を高めることを目的としたアプローチである（源 2016：31）。また，エンパワメント評価とは，利害関係者の中で特に受益者を含む評価結果の利用者が主体となって評価を行い，そのプロセスを通して個人や組織自体がエンパワーすることを目的としたアプローチである（源 2016：32）。本研究における参加型評価を活用したSVプロセスでは，SS-Werと教育委員会担当者を評価活動に巻き込むことで，評価結果を共有し情報発信することを通して，事業体制の改善のために実用的に活用していた。また，この評価活動のプロセスを通じて，SVrは関係者と対等な関係性で学び合い，SSWerをはじめとするスタッフと組織をエンパワメントしていた。以上から，本研究の参加型評価の活用は，実用性とエンパワメントを織り交ぜた参加型評価の活用形態であったと言える。

　参加型評価は，評価自体が目的となってしまうことを回避するためにも，一つのアプローチ法に固執する必要はない（源 2016：31）。しかし，参加型評価を活用したSVにおいて，関係者と組織のエンパワメントをより主眼に置く場合は，エンパワメント評価としてのアプローチ法との関連性を考察し，SV実践モデルのなかにその戦略を盛り込むことが求められると考える。その際，体系化されたエンパワメント評価の10原則（Fetterman and Wanderman 2005＝2014：39-90）をどのように踏まえるかが課題となる。また，エンパワメント評

価を促進する評価ファシリテーターによるコンサルテーションとSVrによる
SVとの役割，SSWerが主体となって評価活動をする実践家評価担当者として
の役割，教育委員会がそれらをバックアップする役割という，3者の役割を明
確化する理論的・実証的研究が必要となる。本研究による調査段階では，評価
ファシリテーターとしての役割はまだ発展途上であったが（第2章第1節参照），
本調査の後，調査協力者のSVrのなかには，評価ファシリテーターとしての役
割をより精緻化させ，自治体における評価活動をさらに発展させて，福祉とは
文化の異なる学校教育現場において正規職員のSSWerが配置される政策を実
現している（山野 2018：232-233）。これらの視点とプロセスをさらに追加調査
し，エンパワメント評価との関連性を考察することが求められる。

　さらに，直接的に社会正義を目指す活動においてエンパワメントの達成度を
評価する「エンパワメントの評価」と，プログラム評価という枠組みで民主的
参加や当事者の参画を促し，当事者を評価の主体としてエンパワメントする「エ
ンパワメント評価」との異同（鎌田ほか 2010：67-69）を明確化することも，必
要不可欠な課題である。ここでは，SSWerが当事者である子どもと家族，さ
らには学校と対等な関係をいかに形成できるのか，SSWerが当事者を評価の
主体としてエンパワメントし社会変革を進めていく実践を支えるSVrの役割と
は何かを明らかにすることも，今後の重要な検討事項であると考える。

3. SVの構造化に向けて

　さらに，SVの構造化に関する限界と課題である。石田（2017）は，構造化さ
れたSVの構成要素として，時間，場所，SVrを務める者，SVeを務める者，
役割と責任，テーマの決め方，題材の提出方法，秘密保持の範囲を挙げている。
これらの構造化されたフォーマルなSVは，専門職業的関心をより高め，SVr
とSVeの双方が責任ある行動を取ることを促す意義があると指摘している。

　本研究におけるSVは，このような構造化されてない日常場面でのインフォー
マルなSVも分析対象にしている。石田（2017）も，フォーマル・インフォーマ

ルの両SVの組み合わせが重要であると指摘しているが，今後，本研究におけるSV実践モデルが実践現場において適切に活用され，定期的・継続的にスケジュールされたSVとして実施されるためには，上記のような構成要素に基づく構造化を図る必要がある。その際，SVの契約という概念をどのようにSSWでも適用するのか，媒介的で変革的な役割が非常勤のSVrにおいても適合するのかなどの検討事項も含め，活用事業におけるSVにはどのような構成要素と構造化が必要であるかを明らかにすることが求められる。

引用・参考文献

Adams, R. (2003) *Social Work and Empowerment*, 3rd Ed., Palgrave Macmillan. (＝2007, 杉本敏夫・齊藤千鶴監訳『ソーシャルワークとエンパワメント：社会福祉実践の新しい方向』ふくろう出版.)

Adamson, C. (2012) "Supervision is Not Politically Innocent," *Australian Social Work*, 65(2), 185-196.

相川章子 (2012)「人間福祉スーパービジョンの課題」柏木昭・中村磐男編著『ソーシャルワーカーを支える人間福祉スーパービジョン』聖学院大学出版会, 45-52.

相澤譲治 (2006)『スーパービジョンの方法』相川書店.

青木幹喜 (2009)「チーム・エンパワメントの理論展望」『三田商学研究』51(6), 73-85.

赤尾清子・山野則子・厨子健一 (2011)「スクールソーシャルワーク実践に関する実証的研究：教師と家庭のつなぎなおしのプロセス」『子ども家庭福祉学』10, 59-68.

圷洋一・金子充・室田信一 (2016)『問いからはじめる社会福祉学：不安・不利・不信に挑む』有斐閣.

荒井浩道『ナラティヴ・ソーシャルワーク："〈支援〉しない支援"の方法』新泉社.

浅野正嗣 (2007)「医療ソーシャルワーカーの困難とソーシャルワーク・スーパービジョン」『金城学院大学論集 社会科学編』4(1), 18-35.

浅野正嗣編 (2011)『ソーシャルワーク・スーパービジョン実践入門：職場外スーパービジョンの取り組みから』みらい.

馬場幸子 (2017)『スクールソーシャルワーク実践スタンダード』東京学芸大学パッケージ型支援プロジェクト.

Bennett, C. (2008) "Attachment-informed Supervision for Social Work Field Education," *Clinical Social Work Journal*, 36(1), 97-107.

Bernard, J. M. and Goodyear, R. K. (2008) *Fundamentals of Clinical Supervision*, 4th Ed., Prentice Hall.

Berzin, S. C. and O'Connor, S. (2010) "Educating Today's School Social Worker: Are School Social Work Courses Responding to The Changing Context?," *Children & Schools*, 32(4), 237-249.

Bluestone-Miller, R., Greenberg, A., Mervis, B. and Kelly, M. S. (2016) "School Social Work Supervision," Massat, C. R., Kelly, M. S., and Constable, R. eds. *School*

Social Work: Practice, Policy, and Research, 8th Ed., Lyceum Books, 76-91.

Borland, P. (1995) "Supervision in a Statutory Agency," Pritchard, J. ed. *Good Practice in Supervision: Statutory and Voluntary Organizations*, Jessica Kingsley Publishers.

Brownson, R. C., Proctor, E. K. and Colditz, G. A. (2012) *Dissemination and Implementation Research in Health: Translating Science to Practice*, Oxford University Press.

Buiski, P. and Haglund, P. (2001) *Making Sense Together: The Intersubjective Approach to Psychotherapy*, Jason Aronson. (＝2004, 丸田俊彦監訳『間主観的アプローチ臨床入門：意味了解の共同作業』岩崎学術出版社.)

趙正祐 (2014)「児童養護施設の援助者支援における共感満足・疲労に関する研究：CSFの高低による子どもとの関わり方の特徴から」『社会福祉学』55(1), 76-88.

Christensen, D. N., Todahl, J. and Barrett, W. C. (1999) *Solution-Based Casework: An Introduction to Clinical and Case Management Skill in Casework Practice*, Walter de Gruyter. (＝2002, 曽我昌祺・杉本敏夫・得津慎子・袴田俊一訳『解決志向ケースワーク：臨床実践とケースマネジメント能力向上のために』金剛出版.)

大門俊樹 (2008)「学校ソーシャルワーカーの資格認定システムに関する一考察：韓国における学校社会福祉士資格制度を通して」『学校ソーシャルワーク研究』3, 41-53.

土井幸治 (2016)「全国におけるスクールソーシャルワーカー事業の実態」『学校ソーシャルワーク研究 (報告書)』3-26.

Dolace, D. (2013) "Problems of Supervision in Caritative Social Work," *Bridges／Tiltai*, 63(2), 43-50.

道明章乃・大島巌 (2011)「精神障害者退院促進支援プログラムの効果モデル形成にむけた『効果的援助要素』の検討：全国18事業所における1年間の試行的介入評価研究の結果から」『社会福祉学』52(2), 107-120.

DuBois, B. and Miley, K. K. (2014) *Social Work: An Empowering Profession*, 8th Ed., Pearson Education, Inc. (＝2017, 北島英治監訳『ソーシャルワーク：人々をエンパワメントする専門職』明石書店.)

Fetterman, D. M. and Wandersman, A. (2005) *Empowerment Evaluation Principles in Practice*, Guilford Press. (＝2014, 笹尾敏明監訳『エンパワーメント評価の原則と実践：教育, 福祉, 医療, コミュニティ介入プログラムの改善と活性化に向けて』風間書房.)

Frank, B, G. (1993)『ブリタニカ国際大百科事典3小項目辞典』ティビーエス・ブリタニカ.

古井克憲 (2007)「重度知的障害者の居住支援：パーソン・センタード・プランニングにアクティブサポートモデルを導入したグループホームにおける支援」『社

会福祉学』48(2)，92-105.

Germain, C. B. (1982) "An ecological perspective on social work in the schools," Germain, C. B., *School Social Work: Practice and Research Perspectives*, Wadsworth Publishing Co. (＝1992，小島蓉子編訳『エコロジカル・ソーシャルワーク：カレル・ジャーメイン名論文集』学苑社，3-12.)

Giddings, M. M., Cleveland, P., Smith, C. H., Collins-Camargo, C. and Russell, R. G. (2008) "Clinical Supervision for MSWs in Child Welfare: A Professional Development Model," *Journal of Public Child Welfare*, 2(3), 339-365.

Glaser, B. G. (1978) *Theoretical Sensitivity: Advances in The Methodology of Grounded Theory*, Sociology Press.

Glaser, B. G. and Strauss, A. L. (1967) *The Discovery of Grounded Theory: Strategies for Qualitative Research*, Aldine Publishing Company. (＝1996，後藤隆・大出春江・水野節夫訳『データ対話型理論の発見』新曜社.)

Guba, E. G. and Lincoln, Y. S. (1989) *Fourth Generation Evaluation*, Sage Publications.

Gutiérrez, L. M., Parsons, R. J. and Cox, E. O. (1998) *Empowerment in Social Work Practice: A Sourcebook*, Cole Publishing Company. (＝2000，小松源助監訳『ソーシャルワーク実践におけるエンパワーメント：その理論と実際の論考集』相川書房.)

半羽利美佳 (2016)「近年のスクールソーシャルワーク」山野則子・野田正人・半羽利美佳編著『よくわかるスクールソーシャルワーク第2版』ミネルヴァ書房，46-47.

半羽利美佳・比嘉昌哉 (2014)「アメリカ・シカゴ調査報告」門田光司・鈴木庸裕・半羽利美佳・比嘉昌哉・大門俊樹・奥村賢一『スクールソーシャルワーカーのスーパービジョン研究：日本・アメリカ・カナダ・韓国での調査報告』科学研究費・基盤研究(B)報告書，14-28.

Hardina, D. and Obel-Jorgensen, R. (2009) "Increasing Social Action Competency: A Framework for Supervision," *Journal of Policy Practice*, 8(2), 89-109.

比嘉昌哉 (2015)「学校現場におけるスーパービジョン」米川和雄編著『スクールソーシャルワーク実践技術：認定社会福祉士・認定精神保健福祉士のための実習・演習テキスト』北大路書房，175-180.

比嘉昌哉 (2016)「効果的なSSW事業プログラムを活用したSV：沖縄県の取り組みから」スクールソーシャルワーク評価支援研究所編『すべての子どもたちを包括する支援システム：エビデンスに基づく実践推進自治体報告と学際的視点から考える』せせらぎ出版，179-180.

久田則夫 (2009)「社会福祉実践を支える協働とエンパワーメントの方法：職員のエンパワーメントが図られなければ利用者のエンパワーメントは図れない」『社会福祉研究』105，75-83.

Hoge, M., Migdole, S., Cannata, E. and Powell, D. (2014) "Strengthening Supervision in Systems of Care: Exemplary Practices in Empirically Supported Treatments," *Clinical Social Work Journal*, 42(2), 171-181.

本間明子 (2008)「ソーシャルワーカーの現任教育におけるスーパービジョンの課題」『愛知学泉大学コミュニティ政策学部紀要』(11), 147-161.

堀越由紀子 (2010)「対人援助職へのスーパービジョン実践の考察：ソーシャルワークのマクドナルド化を考える」『ソーシャルワーク研究』35(4), 63-69.

堀越由紀子 (2012)「対人援助職へのスーパービジョン実践の考察：ソーシャルワークのマクドナルド化を考える (その2)」『ソーシャルワーク研究』38(2), 129-137.

Howe, K. and Gray, I. (2013) *Effective Supervision in Social Work*, Sage Publications.

藤島薫 (2014)『福祉実践プログラムにおける参加型評価の理論と実践』みらい.

藤島薫 (2016)「福祉サービスを利用する当事者の主体性促進と事業改善」源由理子編著『参加型評価：改善と変革のための評価の実践』晃洋書房, 97-119.

藤田さかえ (2012)「現場から提起するソーシャルワークの課題 アルコール関連問題に対するソーシャルワーク・スーパービジョン事業の取り組み」『ソーシャルワーク研究』38(2), 138-143.

福島史子 (2016)「鳥取県社会福祉士会のSSWに関する取り組み：教育委員会との協働」スクールソーシャルワーク評価支援研究所編『すべての子どもたちを包括する支援システム：エビデンスに基づく実践推進自治体報告と学際的視点から考える』せせらぎ出版, 167-173.

福島喜代子 (2006)「スーパービジョンにおけるコミュニケーション・スキルアップ：ソーシャルワーク実践スキルを向上させるために」『ソーシャルワーク研究』32(3), 213-219.

福祉社会学会編『福祉社会学ハンドブック：現代を読み解く98の論点』中央法規.

福山和女 (1985)「わが国におけるスーパービジョンの実際と課題」『社会福祉研究』37, 12-17.

福山和女 (1993)「スーパービジョン研修の現状と課題」『ソーシャルワーク研究』19(3), 174-179.

福山和女編著 (2005)『ソーシャルワークのスーパービジョン：人の理解の探求』ミネルヴァ書房.

古川孝順 (2012)『社会福祉の新たな展望：現代社会と福祉』ドメス出版.

池田琴恵 (2016)「学校全体のエンパワーメントを促す学校評価」源由理子編著『参加型評価：改善と変革のための評価の実践』晃洋書房, 142-162.

今高みづほ・高久涼 (2007)「医療ソーシャルワーカーへの支援策を構築するために：MSW・PSWへのアンケート調査をもとに」『東日本国際大学福祉環境学部研究紀要』3(1), 93-104.

稲沢公一・岩崎晋也 (2014)『社会福祉をつかむ』有斐閣.

引用・参考文献　　165

Ingram, R. (2013) "Emotions, Social Work Practice and Supervision: An Uneasy Alliance?," *Journal of Social Work Practice*, 27(1), 5-19.

石田敦 (1986)「アメリカにおけるスクールソーシャルワーク論の動向：ケースワーク対システム変革をめぐって」『ソーシャルワーク研究』12(2), 38-39.

石田敦 (2006)「ソーシャルワーク・スーパービジョンの定義の混乱の背景にある諸問題」『吉備国際大学社会福祉学部研究紀要』11, 73-83.

石田敦 (2012)「ソーシャルワークスーパービジョンの構造と関係についての研究：効果的なスーパービジョンの要件として」九州保健福祉大学大学院博士学位論文.

石田敦 (2017)「スーパービジョン構造の意義と重要性：フォーマルスーパービジョン構築の条件として」日本社会福祉学会第65回秋季大会，方法・技術2口頭発表.

伊藤嘉余子・石垣文 (2013)「児童養護施設の小規模ケア下における施設職員の連携：ユニットの独立性と職員の満足度との関連性に焦点をあてて」『社会福祉学』54(1), 3-13.

岩間伸之 (2016)「ジェネラリスト・ソーシャルワークとスクールソーシャルワーク」山野則子・野田正人・半羽利美佳編著『よくわかるスクールソーシャルワーク第2版』ミネルヴァ書房, 104-105.

岩田正美・松井二郎・栃本一三郎・山崎美貴子 (2003)「座談会：社会福祉学・社会福祉教育を今見直す：本誌『特別企画論文』を読んで」『社会福祉研究』86, 54-69.

Joubert, L., Hocking, A. and Hampson, R. (2013) "Social Work in Oncology—Managing Vicarious Trauma—The Positive Impact of Professional Supervision," *Social Work in Health Care*, 52(2/3), 296-310.

門田光司 (2010)『学校ソーシャルワーク実践：国際動向とわが国での展開』ミネルヴァ書房.

門田光司 (2014)「アメリカにおける学校でのソーシャルワーク実践研究の動向」『学校ソーシャルワーク研究』9, 26-40.

門田光司・鈴木庸裕・半羽利美佳・比嘉昌哉・浜田知美・大門俊樹・奥村賢一 (2013)「スクールソーシャルワーカーに対するスーパービジョン体制の動向調査結果の概要」『学校ソーシャルワーク研究』8, 81-84.

門田光司・鈴木庸裕・半羽利美佳・比嘉昌哉・大門俊樹・奥村賢一 (2014)『スクールソーシャルワーカーのスーパービジョン研究：日本・アメリカ・カナダ・韓国での調査報告』科学研究費・基盤研究(B)報告書.

門田光司・鈴木庸裕・半羽利美佳・比嘉昌哉・大門俊樹・奥村賢一 (2016)「スクールソーシャルワーカーのスーパービジョン・プログラム」科学研究費基盤研究(B)研究報告書.

Kadushin, A. and Harkness, D. (2014) *Supervision in Social Work*, 5th Ed., Columbia University Press. (＝2016, 福山和女監修『スーパービジョンインソーシャルワーク第5版』中央法規.)

鎌田倫子・中河和子・峯正志・後藤寛樹 (2010)「エンパワメント評価の可能性と限界：原理と特徴より」『富山大学研究紀要』38, 55-70.

柏木昭・中村磐男編著 (2012)『人間福祉スーパービジョン』聖学院大学出版会.

加藤由依 (2007)「ソーシャルワーク教育におけるスーパービジョンの位置」『福祉社会研究』8, 81-95.

加藤由衣 (2009)「エコシステム構想からのソーシャルワーク現任教育の特性：研修とスーパービジョンの比較考察から」『福祉社会研究』10, 51-64.

勝浦美智恵 (2013)「日本のソーシャルワークスーパービジョンとスーパーバイザーの現状と課題：ソーシャルワークスーパービジョンの文献の検討をとおして」『保育・教育・福祉研究』11, 81-100.

川島惠美 (2008)「体験的な学びとスーパービジョン：コミュニケーションラボシステムを利用した援助的コミュニケーショントレーニング」『ソーシャルワーク研究』33(4), 248-255.

川田誉音 (2002)「スーパービジョンと実習評価」宮田和明ほか編『三訂社会福祉実習第3版』中央法規, 183-191.

Kelly, M. S., Bluestone-Miller, R., Mervis, B. and Fuerst, R. (2012) "The Family and School Partnerships Program : A Framework for Professional Development," *Children & Schools*, 34, 1-4.

木下康仁 (1999)『グラウンデッド・セオリー・アプローチ：質的実証研究の再生』弘文堂.

木下康仁 (2007)『ライブ講義M-GTA：実践的質的研究法』弘文堂.

木下康仁 (2009)『質的研究と記述の厚み：M-GTA・事例・エスノグラフィー』弘文堂.

北島英治 (2015)「ソーシャルワーク・スーパービジョンの機能と役割」日本社会福祉教育学校連盟監修『ソーシャルワーク・スーパービジョン論』中央法規, 45-89.

神波幸子・谷口純世・金田千賀子 (2005)「ソーシャルワーカーとしてのアイデンティティの芽生え：社会福祉実習教育を通しての一考察」『医療福祉研究』1, 66-77.

駒田安紀・山野則子 (2015)「効果的スクールソーシャルワーカー配置プログラム構築に向けた全国調査：教育委員会担当者による効果的プログラム要素の実施状況およびスクールソーシャルワーカーによる実施状況との相関分析」『子ども家庭福祉学』14, 1-11.

小山聡子・菅原美杉・森曜子・高世恵美子 (2006)「ソーシャルワーカーの語りを通して分析する『対応困難事例』：より良いスーパービジョン体制の確立に向けて」『国立身体障害者リハビリテーションセンター研究紀要』27, 1-10.

小山隆 (2015)「ソーシャルワーク・スーパービジョンの倫理」日本社会福祉教育学校連盟監修『ソーシャルワーク・スーパービジョン論』中央法規, 93-115.

小山隆 (2016)「ソーシャルワークの理論と実践の関係再構築」岡本民夫監修『ソーシャルワークの理論と実践：その循環的発展を目指して』中央法規，52-64.

久保美紀 (2000)「エンパワーメント」加茂陽編『ソーシャルワーク理論を学ぶ人のために』世界思想社，107-135.

久保美紀 (2016)「エンパワメントアプローチ」岡本民夫監修『ソーシャルワークの理論と実践：その循環的発展を目指して』中央法規，114-128.

久能由弥 (2013)「スクールソーシャルワーカーの実務上の課題：教育委員会担当者とスクールソーシャルワーカーへの基礎調査を通じて」『学校ソーシャルワーク研究』8，25-36.

黒川昭登 (1992)『スーパービジョンの理論と実際』岩崎学術出版社.

黒木邦弘 (2014)「メゾ・マクロ領域のソーシャルワーク実践に向けたスーパービジョンの課題に関する一考察：介護老人福祉施設の生活相談員の業務実態と研修ニーズを手がかりに」『社会関係研究』19(2)，1-25.

黒木邦弘 (2015)「ピア・スーパービジョンの意義・方法」日本社会福祉教育学校連盟監修『ソーシャルワーク・スーパービジョン論』中央法規，243-259.

真野毅 (2016)「知識創造プロセスを活用した公共セクターのイノベーション」源由理子編著『参加型評価：改善と変革のための評価の実践』晃洋書房，184-207.

Mead, G. H. (1934) *Mind, Self and Society*, University of Chicago Press. (＝1973, 稲葉三千男・滝沢正樹・中野収訳『精神・自我・社会』青木書店.)

源由理子 (2008)「参加型評価の理論と実践」三好皓一編著『評価論を学ぶひとのために』世界思想社，95-112.

源由理子 (2011)「地域社会における行政と住民の協働による評価：評価プロセスの活用 (Process Use) の観点から」『日本評価研究』11(1)，61-74.

源由理子 (2015)「社会福祉領域における実践家が参画する評価の意義と可能性：参加型評価方式からの考察」『ソーシャルワーク研究』40(4)，35-43.

源由理子編著 (2016)『参加型評価：改善と変革のための評価の実践』晃洋書房.

宮嶋淳 (2016)「スクールソーシャルワーク・スーパービジョン・システムに関する実践的研究」『教育実践研究』1，189-198.

文部科学省 (2013)「スクールソーシャルワーカー活用事業実施要領」初等中等教育局長決定.

文部科学省 (2015)「学校における教育相談に関する資料」初等中等教育局児童生徒課 (http://www.mext.go.jp/b_menu/shingi/chousa/shotou/120/gijiroku/__icsFiles/afieldfile/2016/02/12/1366025_07_1.pdf，アクセス2016年3月20日).

文部科学省 (2016)「平成27年度スクールソーシャルワーカー活用事業実践活動事例集」初等中等教育局児童生徒課.

文部科学省 (2017a)「学校における教育相談体制充実に係る連絡協議会配布資料」.

文部科学省 (2017b)「児童生徒の教育相談の充実について：学校の教育力を高める組織的な教育相談体制づくり (報告)」.

文部科学省（2018）「平成29年度スクールソーシャルワーカー活用事業実践活動事例集」初等中等教育局児童生徒課.

文部科学省初等中等教育局長（2017）「学校教育法施行規則の一部を改正する省令の施行について（通知）」.

望月彰（2015）「スクールソーシャルワークと子どもの権利」鈴木庸裕編著『スクールソーシャルワーカーの学校理解：子どもの福祉の発展を目指して』ミネルヴァ書房，40-54.

Munson, C. E. (2002) *Handbook of Clinical Social Work Supervision*, 3rd Ed., Hawthorn Press.

村上満・山本小百合（2014）「エンパワメントの概念整理と研究動向：スクールソーシャルワーカーのエンパワメント構築に向けて」『富山国際大学子ども育成学部紀要』5，193-202.

村上満・山本小百合・吉川公章（2015）「スクールソーシャルワーカーの機能に影響を及ぼす要因：エンパワメント概念モデルの検討に焦点を当てて」『富山国際大学子ども育成学部紀要』6，167-179.

村田久行（2010）『援助者の援助』川島書店.

Muskat, B. (2013) "The Use of IASWG Standards for Social Work Practice with Groups in Supervision of Group Work Practitioners," *Social Work with Groups*, 36(2/3), 208-221.

内閣府・文部科学省・厚生労働省（2014）「大綱を踏まえた平成27年度概算要求について（子どもの貧困対策会議第2回資料）」（http://www8.cao.go.jp/kodomono-hinkon/kaigi/k_2/pdf/s3-1．Pdf，アクセス2016年3月20日）.

中里昌子・厨子健一・周防美智子・山野則子（2014）「スクールソーシャルワーカー配置プログラムと効果的援助要素」『学校ソーシャルワーク研究』9，5-25.

日本社会福祉士会スーパービジョン体制確立に関する調査研究委員会（2013）『社会福祉士のスーパービジョン体制確立等に関する調査研究事業報告書』日本社会福祉士会.

日本社会福祉士会スーパービジョン体制確立に関する調査研究委員会（2014）『社会福祉士のスーパービジョン体制確立等に関する調査研究事業報告書』日本社会福祉士会.

Noble, C. and Irwin, J. (2009) "Social Work Supervision: An Exploration of the Current Challenges in a Rapidly Changing Social, Economic and Political Environment," *Journal of Social Work*, 9(3), 345-358.

野村美千江（2009）「アクションリサーチを適用した地域ケアプログラムの開発：初期認知症高齢者と家族のエンパワメント」『愛媛県立医療技術大学紀要』6(1)，1-10.

野村豊子（2015）「ソーシャルワークにおけるスーパービジョンの文化の醸成」日本社会福祉教育学校連盟監修『ソーシャルワーク・スーパービジョン論』中央

法規，3-41.

岡村重夫（1968）「社会福祉における役割概念の考察」『大阪市立大学家政学部紀要』16，223-227.

岡村重夫（1983）『社会福祉原論』全国社会福祉協議会.

沖倉智美（2006）「障害者福祉施設におけるスーパービジョンに関する考察：『反省的実践家』としてのソーシャルワーカーを目指して」『大正大學研究紀要 人間學部・文學部』91，294-268.

奥川幸子（2007）『身体知と言語：対人援助技術を鍛える』中央法規.

大賀有記（2015）「スーパービジョンにおける役割理論とあいまいな喪失理論の援用の可能性：保健医療福祉領域における支援者支援のための検討」『社会福祉研究』17，37-41.

大崎広行（2005）「スクールカウンセリングの限界を超えて：日本における学校ソーシャルワークの実践の展望」『宮城学院女子大学発達科学研究』5，53-62.

大島巌（2012）「制度・施策評価（プログラム評価）の課題と展望」『社会福祉学』53（3），92-95.

大島巌（2015a）「コンサルテーションの定義と方法：その特徴・意義・可能性」日本社会福祉教育学校連盟監修『ソーシャルワーク・スーパービジョン論』中央法規，279-294.

大島巌（2015b）「ソーシャルワークにおける『プログラム開発と評価』の意義・可能性，その方法」『ソーシャルワーク研究』40（4），4-15.

大島巌（2016）『マクロ実践ソーシャルワークの新パラダイム：エビデンスに基づく支援環境開発アプローチ』有斐閣.

大島巌ほか（2012）「実践家参画型形成評価の方法について」（http://ppcfe.com/home/method/，アクセス2015年6月2日）.

大友秀治（2015a）「スーパービジョンモデル開発の必要性：スクールソーシャルワークに着目して」『社会福祉科学研究』4，235-240.

大友秀治（2015b）「日本のソーシャルワーク・スーパービジョン研究に関する近年の動向」『学校ソーシャルワーク研究』10，65-76.

大友秀治（2016）「ソーシャルワーク・スーパービジョン研究に関する近年の動向（その2）：実証的研究に着目して」『学校ソーシャルワーク研究』11，54-68.

大友秀治（2017）「評価ワークショップ事例におけるファシリテーターの役割：効果的なSSW事業プログラムの実施支援に着目して」日本学校ソーシャルワーク学会第12回全国大会口頭発表.

大友秀治・横井葉子・山野則子（2015）「実践家参画型ワークショップによる評価ファシリテーションの構造化」第32回日本ソーシャルワーク学会課題セッション4.

大塚美和子（2016）「システム理論におけるスクールソーシャルワーク」山野則子・野田正人・半羽利美佳編著『よくわかるスクールソーシャルワーク第2版』ミネルヴァ書房，98-99.

Patton, M. Q. (1997) *Utilization-Focused Evaluation*, 3rd Ed., Sage Publications. (＝2001, 山本泰・長尾眞文編訳『実用重視の事業評価入門』清水弘文堂書房.)

Pincus, A. and Minahan, A. (1977) "A Model for Social Work Practice," Specht, H. and Vickery, A. Eds., *Integrating Social Work Methods*, George Allen and Unwin. (＝1980, 岡村重夫・小松源助監訳『社会福祉実践方法の統合化』ミネルヴァ書房, 87-138.)

Rossi, P. H., Lipsey, M. W. and Freeman, H, E. (2004) *Evaluation: A Systematic Approach*, 7th Ed., Sage Publications. (＝2005, 大島巌ほか監訳『プログラム評価の理論と方法：システマティックな対人サービス・政策評価の実践ガイド』日本評論社.)

齊藤順子 (2000)「OGSV（奥川グループスーパービジョン）モデルを用いた事例検討の方法」『ソーシャルワーク研究』28 (3), 18-25.

佐古秀一・山沖幸喜 (2009)「学力向上の取り組みと学校組織開発：学校組織開発理論を活用した組織文化の変容を通した学力向上取り組みの事例」『鳴門教育大学研究紀要』24, 75-93.

佐藤郁哉 (2008)『質的データ分析法：原理・方法・実践』新曜社.

Schön, D. A. (1983) *The Reflective Practitioner: How Professionals Think in Action*, Basic Books. (＝2001, 佐藤学・秋田喜代美訳『専門家の知恵：反省的実践家は行為しながら考える』ゆみる出版.)

Scriven, M. (1991) *Evaluation Thesaurus*, 4th Ed., Sage Publications.

社会福祉専門職団体協議会国際委員会 (2014)「『ソーシャルワークのグローバル定義』新しい定義案を考える10のポイント」(http://www.japsw.or.jp/international/ifsw/SW_teigi_kaitei.pdf, アクセス2017年1月24日).

Shulman, L. (1982) *Skills of Supervision and Staff Management*, F. E. Peacock Publishers, Inc.

芝野松次郎 (2002)『社会福祉実践モデル開発の理論と実際』有斐閣.

新保美香 (2005)『生活保護スーパービジョン基礎講座：ソーシャルワーカー・利用者とともに歩む社会福祉実践』全国社会福祉協議会.

塩村公子 (2000)『ソーシャルワーク・スーパービジョンの諸相：重層的な理解』中央法規.

新村出編 (2008)『広辞苑第6版』岩波書店.

塩村公子 (2015)「個人スーパービジョンの方法」日本社会福祉教育学校連盟監修『ソーシャルワーク・スーパービジョン論』中央法規, 159-214.

塩田祥子・植田寿之 (2010)「ピア・グループ・スーパービジョンの意義と課題に関する考察」『花園大学社会福祉学部研究紀要』18, 173-182.

副田あけみ (2010)「ソーシャルワークにおける介入研究の方法」北川清一・佐藤豊道編『ソーシャルワークの研究方法：実践の科学化と理論化を目指して』相川書房, 121-142.

Solomon, B. (1976) *Black Empowerment: Social Work in Oppressed Communities*, Columbia University Press.

Strauss, A. L. (1987) *Qualitative Analysis for Social Scientists*, Cambridge University Press.

末崎栄司 (2013)『社会福祉の根本問題：社会科学的研究の本質的解明をめざして』文理閣.

スクールソーシャルワーク評価支援研究所編 (2016)『すべての子どもたちを包括する支援システム：エビデンスに基づく実践推進自治体報告と学際的視点から考える』せせらぎ出版.

スクールソーシャルワーク評価支援研究所 (2018)「効果的なスクールソーシャルワーク事業プログラムのあり方研究会：プログラム導入理解のための研修資料」

鈴木庸裕 (2013)「スクールソーシャルワーカーの業務とスーパービジョン：トロント市におけるメンタルヘルス課題への取り組みから」『福島大学人間発達文化学類論集』18, 31-46.

鈴木庸裕 (2015a)「スクールソーシャルワーカーと学校福祉」鈴木庸裕編著『スクールソーシャルワーカーの学校理解：子どもの福祉の発展を目指して』ミネルヴァ書房, 1-24.

鈴木庸裕 (2015b)「日本学校ソーシャルワーク学会10年の歩み」日本学校ソーシャルワーク学会10周年記念誌編集委員会編『学校ソーシャルワーク実践の動向と今後の展望』1-5.

田中千枝子・菱川愛・佐原まち子 (2000)「現任者スーパービジョンの方法論の研究：ピンカス・ミナハンの枠組みとソリューショントークの活用」『東海大学健康科学部紀要』6, 81-86.

田中博 (2011)「市民社会におけるNGO/NPOと評価の役割：マネジメント能力を高め，NGO/NPOの進化を加速させる参加型評価」『日本評価研究』11(1), 75-90.

田村綾子 (2009)「福祉人材と研修制度」『ソーシャルワーク研究』35(1), 28-35.

Tanga, P. T. (2013) "The Challenges of Social Work Field Training in Lesotho," *Social Work Education*, 32(2), 157-178.

Tsui, M. (2004) *Social Work Supervision: Contexts and Concepts*, Sage Publications.

綱きみ子・木戸宜子 (2009)「ソーシャルワークとチーム・ネットワーク 施設介護の現場におけるリーダーシップのあり方の検討：スーパービジョンの枠組みの考察」『社会事業研究』48, 125-129.

植田寿之 (2005)『対人援助のスーパービジョン：よりよい援助関係を築くために』中央法規.

若宮邦彦 (2012)「保育ソーシャルワークの意義と課題」『南九州大学人間発達研究』2, 117-123.

渡部律子 (2008)「社会福祉実践を支えるスーパービジョンの方法：ケアマネジャー

にみるスーパービジョンの現状・課題・解決策」『社会福祉研究』103，69-81.

渡邉香子 (2016)「横浜市における取り組み」スクールソーシャルワーク評価支援研究所編『すべての子どもたちを包括する支援システム：エビデンスに基づく実践推進自治体報告と学際的視点から考える』せせらぎ出版，135-154.

Wiebe, M. (2010) "Pushing the Boundaries of the Social Work Practicum: Rethinking Sites and Supervision Toward Radical Practice," *Journal of Progressive Human Services*, 21(1), 66-82.

山辺朗子 (2015)『ジェネラリスト・ソーシャルワークにもとづく社会福祉のスーパービジョン：その理論と実践』ミネルヴァ書房.

山口みほ (2011)「ソーシャルワーカーを対象とした職場外個別スーパービジョンの意義：『ソーシャルワーク・サポートセンター名古屋』の実践をもとに」『ソーシャルワーク研究』36(4)，324-330.

山口尚子 (2008)「実習コーディネーションとスーパービジョン」『ソーシャルワーク研究』33(4)，256-261.

山野則子 (2006)「子ども家庭相談体制におけるスクールソーシャルワーク構築：教育行政とのコラボレーション」『ソーシャルワーク研究』32(2)，113-119.

山野則子 (2007)「日本におけるスクールソーシャルワーク構築の課題：実証的データから福祉の固有性探索」『学校ソーシャルワーク研究』創刊号，67-78.

山野則子 (2010)「スクールソーシャルワークの役割と課題：大阪府の取り組みからの検証」『社会福祉研究』109，10-18.

山野則子 (2015a)「全国調査によるプログラムの検証」山野則子ほか『エビデンスに基づく効果的なスクールソーシャルワーク：現場で使える教育行政との協働プログラム』明石書店，63-113.

山野則子 (2015b)「効果的なスクールソーシャルワーク事業プログラム・モデルの開発」『ソーシャルワーク研究』40(4)，23-34.

山野則子 (2018)『学校プラットフォーム：教育・福祉，そして地域の協働で子どもの貧困に立ち向かう』有斐閣.

山野則子ほか (2008)『日本におけるスクールソーシャルワークの実証的研究：福祉の固有性の探究　平成19年度報告書』文部科学省科学研究費・基盤研究 (C).

山野則子・梅田直美・厨子健一 (2014a)「効果的スクールソーシャルワーカー配置プログラム構築に向けた全国調査：効果的プログラム要素の実施状況，および効果 (アウトカム) との相関分析」『社会福祉学』54(4)，82-97.

山野則子ほか (2014b)『エビデンス・ベースト・スクールソーシャルワーク研究報告書：効果的なスクールソーシャルワーカー配置プログラムの開発』大阪府立大学キーパーソンプロジェクト.

山野則子ほか (2015)『エビデンスに基づく効果的なスクールソーシャルワーク：現場で使える教育行政との協働プログラム』明石書店.

山野則子ほか (2016a)『効果的なスクールソーシャルワーク事業プログラム：評価

ファシリテーションの手引き』大阪府立大学スクールソーシャルワーク評価支援研究所.

山野則子・大友秀治・横井葉子・厨子健一 (2016b)「プログラム実施のためのワークショップについて」スクールソーシャルワーク評価支援研究所編『すべての子どもたちを包括する支援システム：エビデンスに基づく実践推進自治体報告と学際的視点から考える』せせらぎ出版, 127-134.

山下英三郎 (1998)「学校を基盤としたソーシャルワークの可能性について」『国際社会福祉情報』(22), 50-58.

山下英三郎 (2016)「スクールソーシャルワークの動向と基本的な考え方」山下英三郎監修『子どもにえらばれるためのスクールソーシャルワーク』学苑社, 11-26.

山谷清志 (2004)「評価の理論と実践におけるプログラムの概念：政策評価とODA評価をめぐって」『同志社政策科学研究』6(1), 1-13.

横井葉子・周防美智子 (2014)「全国調査を活用した実践家参画型による効果的援助要素の特定：プロセス評価」山野則子ほか『エビデンス・ベースト・スクールソーシャルワーク研究報告書：効果的なスクールソーシャルワーカー配置プログラムの開発』大阪府立大学キーパーソンプロジェクト.

横山譲 (2015)「欧米におけるソーシャルワーク・スーパービジョンの歴史」日本社会福祉教育学校連盟監修『ソーシャルワーク・スーパービジョン論』中央法規, 347-365.

米本秀仁 (2008)「ソーシャルワーク実習とスーパービジョン」『ソーシャルワーク研究』33(4), 220-231.

吉弘淳一 (2005)「スーパービジョン」硯川眞旬編『社会福祉の課題と研究動向』中央法規, 113-123.

厨子健一 (2011)「アメリカにおけるスクールソーシャルワーク研究の展開と課題」『社会問題研究』60, 100.

厨子健一・山野則子 (2011)「スクールソーシャルワーカーの実践プロセスに影響を与える要因：当事者に問題意識がない領域に関わるスクールソーシャルワーカーに着目して」『社会福祉学』52(2), 30-40.

厨子健一・山野則子 (2013)「スーパービジョン体制がスクールソーシャルワーカーの専門性や効果に与える影響」『子ども家庭福祉学』13, 25-33.

巻 末 資 料

176

資料1　プロセス理論（組織計画）と効果的援助要素例

```
●（年度ごとの）事業開始に向けた情報収集
A-1：学校・地域の実態把握と課題分析
A-2：ソーシャルワークの視点を持つ人材の必要性を認識
A-3：SSW に関連する情報収集
```

```
●戦略を練る　　　　　　B-1：課題分析と情報収集をふまえたフレイム作り
```

　　　　　　管理

```
●職務内容の設計
C-1：教育委員会の戦略を形にする
C-2：SSWer との協議
C-3：管理職・SSWer 担当教員との協議
C-4：SVr との協議
C-5：関係機関に対する戦略の実行
```

```
●事業の配置
D-1：SSWer の配置
D-2：他事業などを活用する事業配置
D-3：SVr の配置
D-4：SSWer 活用事業に関連する
　　　人材の配置
```

```
●SSWer の資質の向上と維持
E-1：SV 体制の構築
E-2：連絡会の構築
E-3：研修会・勉強会の開催
E-4：相談援助活動のデータベース化
E-5：SSWer 勤務環境の整備
```

```
●事業・実践の評価
F-1：SSWer 活用事業の評価
```

```
●事業の拡充
G-1：SSWer 活用事業発展に向けた会議
G-2：SSWer 活用事業の強化
G-3：SSWer 活用事業の効果発信
```

```
●SSWer のマクロアプローチ
「サービス利用計画」(図7-3)の教育委員会へのアプローチを中心とした SSWer の動き
```

```
例) A-3 SSW に関連する情報収集
□全国の SSWer の活動の情報を収集する担当を教育委員会内に置く
□他の都道府県・市区町村の SSWer 活用事業を視察したり，資料を取り寄せたりして SSW に関す
　る情報を収集する
□SSW 研修会・講演会・ワークショップなどに参加し，SSW に関する情報を収集する
□社会福祉に関する職能団体の情報を収集する
□収集した情報をもとに，子ども・保護者に SSWer がどのような働きをするのかをシミュレーショ
　ンする
□ソーシャルワーカーを養成する地域の大学や社会福祉士会などとのつながりを持ち，人材につい
　て情報収集する
□ソーシャルワーカーを養成する地域の大学や社会福祉士会などとのつながりを持ち，SSWer の専
　門性について学ぶ
□SSW 導入の効果について調べる
```

出典：山野ほか (2015：169-194)

巻末資料　177

資料2　プロセス理論（サービス利用計画）と効果的援助要素例

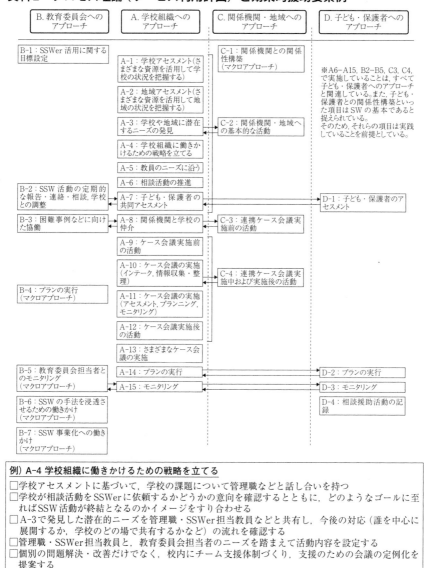

例）A-4 学校組織に働きかけるための戦略を立てる
- □学校アセスメントに基づいて，学校の課題について管理職などと話し合いを持つ
- □学校が相談活動をSSWerに依頼するかどうかの意向を確認するとともに，どのようなゴールに至ればSSW活動が終結となるのかイメージをすり合わせる
- □A-3で発見した潜在的ニーズを管理職・SSWer担当教員などと共有し，今後の対応（誰を中心に展開するか，学校のどの場で共有するかなど）の流れを確認する
- □管理職・SSWer担当教員と，教育委員会担当者のニーズを踏まえて活動内容を設定する
- □個別の問題解決・改善だけでなく，校内にチーム支援体制づくり，支援のための会議の定例化を提案する

出典：山野ほか（2015：169-194）

資料3　インタビュー調査ガイド

インタビュー調査ガイド

大阪府立大学大学院人間社会学研究科博士後期課程　大友秀治

　大変お忙しいところ，調査へのご協力を賜り誠に感謝申し上げます。以下に研究テーマや目的，インタビューの主な内容を記載させていただきます。主な項目について挙げていますが，SSW事業プログラムをSVに活用してきた経緯や，県全体のSSW事業が進展するために誰に対して，何をどのように考え，判断して動いてこられたのか，実際の行動と個人の思い，工夫されていることに関してご自由にお話しいただけましたら幸いです。

〈研究テーマ〉

スクールソーシャルワークにおけるスーパービジョンのモデル構築：SSW事業プログラムの活用における協働プロセスに着目して

〈研究の目的〉

　本研究は，SSWerのエンパワメントと事業体制の変革に向けて参加型評価という評価方法を活用したSVに着目し，その視点やプロセスを質的研究によって明らかにすることで，SVrの指針となるSVモデルを生成することを目的としています。

〈主なインタビュー内容〉

1. SSW事業プログラムをSVに活用しようとされた経緯
    SSW事業プログラムの開発に関わられた経緯や意図，など。
2. SSW事業プログラムをSVに活用し始めたとき
    活用するにあたって，苦労されたことや工夫されたこと。SSW事業プログ

ラムの開発経験が活用に際して役だったこと，など。

3. SSW事業プログラムのSV活用が進んできてから

　活用が進むために工夫されていること。通常のSVとSSW事業プログラム
を活用したSVとの異同。SSW事業が進展するためにどのようなマクロな
動きをされてきたか，など。

4. 基本事項や上記以外に教えていただきたいこと

・役職や事務的な位置づけ，自治体や教育委員会担当者との関与内容，経過
など。

・SV対象のSSWer数，配置・派遣形態，SVの頻度。地域の特性が分かる資
料など。

・ご協力者の経歴，出身学部，資格など。

・SSW実践支援に使用しているシートやツール，資料など。

以上，何卒よろしくお願い申し上げます。

資料4 分析ワークシート

概念名		無力化にあるSSWerの発見
定義		SSWerが孤立し，活用事業や学校の特質を把握できずに，自身の経験のみを頼りにせざるを得ない，まとまりなく実践してしまう無力化の状態に置かれていることを，SVrがアセスメントすること。
ヴァリエーション（具体例）	E氏，P1	ところが1年後，そのSSWerが優秀な方だったんですけど，2人に増えたときに崩れたんですね。一人はすごくしっかり仕事してくれたんだけれども，数が増えれば増えるほど活動自体がバラバラで，質が悪くなってきて，これはいったいどうしたものだろうと思ったんですね。
	E氏，P11-12	SSWerが，自分が思うSSWを学校がどう考えるのかを全く顧みないでやってしまった。で，そこで何が起こったかっていうと，学校から「もう来なくていい」って。SSWerが動くと問題が起こるから「動くな」って言ったんですよね。すごいビックリしましたね。…（中略）…3人SSWerがいて，一人は教育職，退職校長だったんですね。校長職なので学校に対して指導しちゃうので，学校から来ないでって。福祉職のSSWerも，好き勝手やってしまって学校出入り禁止になってしまった。
	C氏，P1	みんな，いろんなことを，こうしたらいいと言う人もあれば，それはどういうことと聞く人もあれば，その質問は何をもって質問しているのか，この言葉は何と？　全然分からなくって。みんなの頭にあることが，きっとバラバラの状態で言っていて，結局事例出した人は責められた，出来ていなくて責められたと思って帰る訳ですよ。事例を出していない私たちは何の学習にもなりやすくて，何これって正直に思って。
	A氏，P7	本当は，次に続く人がなかなか出ないですよね。やっぱり，ちゃんとした待遇じゃないので。んー，（ある）SSWer，いまちょっと数年目に入って，自分の好きなようにやりたいって言うんで。それで，私なんかは，それやり過ぎよと言うと，まあ，あるじゃないですか，仕事ができるようになってくると，上の人がちょっとやっぱりね，邪魔するみたいな感じに。まあ，ちょっと，次に続く人がいないですよね。
	B氏，P17	有資格者の方であっても，自分ができるからと言って，やりたいようにやったらダメと思うんだけど。そうすると出ちゃいますよね。連携できないみたいなところがあると思うんですよね。そういう方はもう辞めました。そういう人は，私は，SSWerではないと思ってますね。要するに独りよがりになっちゃう。
	F氏，P7	SSWerは行政職を辞めた人と校長先生だった方なので，学校を訪ねて行って校長室で子どもの様子を聞いて帰ってくるだけ。
	F氏，P21	全て丸投げされるので，自分のわかっている範囲だけ動く。もちろん学校にも広まっていかない。

| 理論的メモ | ・SSWerの視点の違いによって，活動の目的と内容がバラバラで，SSW実践の効果が現れなくなってきている状況がなぜ起きるのか疑問に思っている？
・それを確認したり共有したりする機会もないまま，個々が一人歩きしてしまっている状況か？
・SSWerの視点や活動の目的，内容もバラバラで，学校に目が向きにくいため，教育委員会も活用に苦慮していると，SVrが把握する。変更→［状態］へ。
・SSWerはこれまでの自身の経験に自負を持ち，数々の困難事例を乗り越えてきた経験を有する。それをSSW領域でも発揮したいと意気込んで参入してくる。そのため，過去の経験の延長線上でSSW実践を見通し，これまでに効果的だった方法を再現しようと試みる。それらは，高齢者領域や児童家庭領域，障害福祉領域の経験では異なることも少なくなく，現在約半数を占める元教員の経験とも異質であり，SSWer同士の活動内容に大きな隔たりが生じている。
・また，教育委員会や学校組織の実態や特性，ニーズを把握しないまま，SSWerの思いを優先させてストレートに子ども・家庭にアプローチすることから，教育委員会や学校組織と軋轢が生じている。

比較的思考による解釈的検討：
・SSWerの多様な視点がコラボレーションして質が高まる場合と，バラバラで質が低下する場合があるとすれば，その違いは何か？ |

182

資料5　概念の生成と修正のプロセス

※（　）内は分析焦点者とフィールドの該当データ数

［対極例］

概念　守備限定への疑問（E3，C1，A1）→削除

概念　抵抗感を生む（E1，C1，A1，D1，F1，G1）

概念　評価が腑に落ちない（E1，A1，D1，F1，G1）

概念　事業評価の障壁（E1，C1，A1，F1）

―――――――――以上，最初のE氏のデータから

概念　行き当たりばったり（C1，A1）→丸投げの看過に変更→削除

概念　接点を持たない（C2，B1）→事業構造の見立て不足に変更

概念　評価が迷走する（C2，A1，B1）

―――――――――以上，2人目のC氏のデータから

概念　行政の硬直な壁（B1，F1）

概念　グループSVでの限界（B1，G1，H1）→SV形態による限界に変更

―――――――――以上，4人目のB氏のデータから

［認識］

概念　独りよがりへの問題意識（E2，C1，A1，B1，F2）→学校を顧みないバラ
　　　バラの実践→無力化にあるSSWerの発見に変更

概念　異分野理解への問題意識（E1，C1，B1，F1）→方針の不一致→活用方針
　　　の曖昧さ→活用困難な構造の見立てに変更

概念　SSWerが置かれた状況の特性認識（E2，B2，G1）→SSW特性の再認識
　　　に変更

概念　育成への課題意識（E3，C2，A1，B2，D2）→育成が進まない危機感に変
　　　更

概念　協働での研修体制志向（E1，C2，B1，F1）→研修を糸口に協働を探るに
　　　変更

概念　評価への有効的感触（E1，C1，A1，B1，D1，G1）
――――――――以上，最初のE氏のデータから
概念　協働による事業変革（C1，F1）→事業変革への意志に変更
――――――――以上，2人目のC氏のデータから

［行為］

概念　困り感への共鳴（E2，F1）→動機付けを顕在化させるに変更

概念　教育委員会からの信頼獲得（E2，C1，A2）→SSWerとしての動きを示すに変更

概念　共通課題の明確化（E3，C1，D1，F1）→互いに立ち止まらせるに変更

概念　育成カリキュラム探索（E1，B1，F1）→参加型評価に行き着くに統合

概念　評価に対する反応を確かめる（E1，A1，D1，F1）

概念　優先ニーズと評価の結び付け（E3，C2，F1）→目的に戻るに変更

概念　協働での研修計画（E2，C1，A1，F1）→強みを交差させる試みに変更

概念　自己評価への動機づけ（E2，C1，A2，D1，H1）→自身と事業のために評価を促すに変更

概念　学校アセスメントの焦点化（E2，A1，FNV1）→初任者の立場に立つに統合

概念　気づきの共有（E2，C1）→SSWerの強さを信じるに変更

概念　振り返りを日常にする（E2，F1）→対等に学習し合うに統合

概念　プログラムのかみ砕き（E1，C1，A1，F1）→認知される言葉に置き換えるに変更

概念　対話を通した事例検討（E1，C1，A1，B1）

概念　成果の共有（E2，C2，A1，FNV1，FNX1）→成果を代弁するに変更

概念　協働意識の醸成（E2，C1，G1）→共通の課題を明示するに変更

概念　協働に向けたプログラム継続（E3，A1，F2）→アセスメントに基づく協働促進に変更

概念　事業評価へのアプローチ（E1，C1，F1，H2）

概念　SV体制の再構築 (E3, C1, B1, D1, F1, G1, H1)

概念　雇用環境への働きかけ (E1, C1, B3, D1, F1, H1)

─────────以上，最初のE氏のデータから

概念　参加型評価への巻き込み (C1, A1, B2, F1)

概念　自主研修会の働きかけ (C1, A1, F1) →セルフヘルプの組織化に変更

概念　キーパーソンの活用 (C1) →削除

概念　プログラム理論の理解促進 (C1, A2, B1) →対等に学習し合うに統合

概念　プログラム効果の可視化 (C1) →成果を代弁するに統合

─────────以上，2人目のC氏のデータから

概念　初任者の立場に立つ (B1, D1, G1, H1)

─────────以上，4人目のB氏のデータから

概念　メゾ・マクロ実践への焦点化 (H1, FNX1)

─────────以上，8人目のH氏のデータから

［影響要因］

概念　手探りの失敗経験 (SSWerとして) (E3, A1) →単独支援の失敗に変更→
　　　削除

概念　二人三脚経験 (SSWerとして) (E2, A1, D1, G1) →互いの強みに気づく
　　　経験に変更

概念　ウチとソトの複眼的視点 (E1, C1, B1, D2) →ミクロとマクロの複眼的
　　　視点に変更

概念　参加型評価に行き着く (E1, B1, F1)

概念　周辺的参加からの理解 (E3, F1) →熟考し議論を続けるに変更

概念　評価ワークショップによる見通し (E4, G1)

概念　協働アセスメント経験 (E1, A1) →削除

概念　家庭と学校のエンパワメント (E2, C1) →エンパワメントへの価値に統
　　　合

概念　ファシリテーターとの協働 (E1, C2) →削除

概念　理論に立ち返る（E1，C1，A1）→削除

概念　メンバー同士の相互作用（E1，B1）→全国レベルでの共有に変更

概念　研究会での全国発信（E3）→削除

概念　近隣自治体との連携（E1，F1）

概念　ソーシャルアクション経験（E5，C1，A1，B2，F1）→エンパワメントへの価値

――――――――――以上，最初のE氏のデータから

概念　自治体を牽引する使命感（A2）（C1，B1，F1）

――――――――――以上，3人目のA氏のデータから

あ と が き

　本研究を進める過程では，たくさんの方々から多大なるお力添えと励ましを賜った。心より感謝申し上げる。

　まず，調査にご協力してくださったSVrとSSWerの方々には，お忙しい業務の合間を縫ってお時間を割いていただいた。複雑で困難な業務に従事されるなか，SSWerへのきめ細かな支援にご尽力される一方，今後のSSWのあり方に大きな視野からの展望を持っておられた。調査における語りだけではなく，そのような真摯な姿勢からも大きな学びをいただいた。また，関係する教育委員会の全面的なバックアップがあってこそ，調査を順調に進めることができた。これらの方々に改めて御礼申し上げる。

　そして，大阪府立大学教授の山野則子先生には，博士後期課程全体を通して多くのご指導をいただいた。研究内容における構想や方法，M-GTAの分析技法などはもちろん，現場の方々の何気ない実践のなかに先駆性を見出し，実践者が互いに学び合う機会を尊重され，実践と研究の架け橋をつくられる研究姿勢に，研究者としての生き方も教えていただいた。山野先生のひたむきで熱心なご指導がなければ，最後まで執筆を続けることができなかったと言っても過言ではない。

　また，同じく大阪府立大学教授の小野達也先生（現・桃山学院大学教授）と児島亜紀子先生には，未熟な原稿に対して，何度も詳細なご助言を賜った。小野先生には，地域福祉の視点から本研究の意義を示してくださったおかげで，多角的な視野を持つことができた。また，不安な状態にあっても常に力強く背中を押してくださったことは，最後まで大きな励みとなった。児島先生には，社会福祉学からの包括的で重要な視点をご教授いただき，一貫した論理性の大切さを何度もご助言いただいた。論理的に思考し執筆することの意味や意義をお

教えいただいたことは，今後の社会福祉学を探究するための大きな支柱をいただいたと考えている。

さらに，日本社会事業大学教授の大島巌先生には，奥深い評価研究からの貴重な知見をご助言いただいた。社会福祉学の科学的方法論に精通される大島先生から，本研究の意義をご提示いただいたことは，光栄の限りである。同じ後期課程に在籍していた方々，山野ゼミで忌憚のないご意見をくださった前期課程の皆様にも，心から感謝申し上げる。特に，横井葉子さんと厨子健一さんとは，同じ後期課程と学会，研究会で共に学ぶことができ，大きな支えとなった。

SSW事業プログラムあり方研究会の皆様からも，常々，貴重な実践的知見と激励をいただいた。西日本M-GTA研究会でも，参加者の皆様方から自由でのびやかな分析の発想や視点をご助言いただいた。全国M-GTA合同研究会でも，SVrと参加者の皆様からその後の分析の方向性を確かにするご意見をいただくことができた。そして，前所属先の龍谷大学短期大学部の皆様，現所属先の北星学園大学の皆様，長期にわたり全面的にバックアップしてくれた家族に，重ねて感謝申し上げる。

本研究を通してたくさんの出会いと学びを得ることができたことは，今後の研究職における大きな財産である。皆様への恩返しとして，本研究が実践現場の役に立ち，SSW制度がより充実したものに発展していくよう，さらに研究を深めていきたい。

最後に，出版行程のなかで適切なご助言と勇気づけをしてくださった学文社代表取締役の田中千津子様に厚く御礼申し上げる。

なお，本書は，2018年度大阪府立大学大学院人間社会学研究科社会福祉学専攻博士学位論文を一部加筆修正したものである。また，出版に際し，北星学園大学後援会の学術出版補助の助成を受けた。ここに謝意を表する。

2019年10月吉日

大友　秀治

索　引

あ　行

インターラクティブ性　50

運営管理の緩衝としてのSVr　21

エンパワメント　30
エンパワメント評価　158

か　行

Kadushin, A.　15
学習する組織　143
学校教育法施行規則　7
学校文化　66
関係性理論　18
間主観的アプローチ　18

機関変革の仲介者　12
機関変革の仲介者としてのSVr　21
規範的定義　20
業務の思想　14
拠点校型　8

グループ　138
グローバル定義　81

継続的比較分析　54
現象特性　57

コア・カテゴリー　57
効果的援助要素　56
個業化　155
個業性　155
個人的エンパワメント　31
子供の貧困対策に関する大綱　7
コンサルテーション　41
コンピテンス　134

さ　行

サービス利用計画　56
参加型評価　36

ジェネラリスト　79
事業体制　3
システム論　17
実施マニュアル　56
実践家参画型意見交換会　44
実践家参画型評価　44
実践責任主体　39
実践モデル　4
実用重視型評価　158
指定校配置型　8
自分たちの評価　94
社会構成主義　36
社会的（政治的）エンパワメント　31
社会的役割理論　15
社会的力量　9
Germain, C. B.　9
修正版グラウンデッド・セオリー・アプローチ（M-GTA）　39
Shulman, L.　17

スクールソーシャルワーカー活用事業　i, 1
スクールソーシャルワーカー活用事業実践要領　12
スクールソーシャルワーク事業プログラム（SSW事業プログラム）　44
スタッフエンパワメント　33

専門性　76

組織計画　56
Solomon, B.　30

た　行

対人的エンパワメント　31
多分野横断的なアプローチ　155

な　行

二重の機能　i , 9

は 行	ま 行
派遣型　8	マクロアプローチ　7
パートナーシップ　138	
パワーレスネス　66	ミクロアプローチ　7
反省的実践家　132	
	Munson, C. E.　17
評価学　34	
評価ファシリテーター　46	メゾアプローチ　7
評価ワークショップ　46,56	メゾ・マクロ実践　42
プログラム評価　152	ら 行
分析焦点者　57	理論的サンプリング　57
分析テーマ　57	理論的メモ・ノート　57

著者略歴

大友　秀治（おおとも　しゅうじ）

1973年生まれ

最終学歴　大阪府立大学大学院人間社会学研究科社会福祉学専攻修了
　　　　　博士（社会福祉学）

現　　職　北星学園大学社会福祉学部准教授

専門分野　社会福祉学，スクールソーシャルワーク

主要著書　『地域福祉の原理と方法（第2版）』学文社（共著），『よく
　　　　　わかるスクールソーシャルワーク（第2版）』ミネルヴァ
　　　　　書房（共著）

主要論文　「エンパワメント評価を援用したスーパービジョン・ツー
　　　　　ルの試作」社会福祉科学研究第8号，「参加型評価を活用
　　　　　したスーパービジョンモデルの生成：教育委員会に着目し
　　　　　事業を見立てるプロセス」『学校ソーシャルワーク研究』
　　　　　第14号

スクールソーシャルワークにおけるスーパービジョン実践モデルの生成
―参加型評価を活用したエンパワメントに着目して―

2019年12月20日　　第1版第1刷発行

著　者　大　友　秀　治

発行者　田　中　千津子

発行所　株式会社　学　文　社

郵便番号　153-0064　東京都目黒区下目黒3-6-1
電話（03）3715-1501（代表）　振替　00130-9-98842

乱丁・落丁の場合は本社でお取替え致します。　　　　印刷　新灯印刷
定価は，カバー，売上カード，表紙に表示してあります。　〈検印省略〉

ISBN978-4-7620-2940-0

©2019 Oтомо Shuji　　　　　　　Printed in Japan
転載不許可　著作権法上での例外を除き，
無断で複写複製（コピー）することは禁じられています。